J. H. (Johannes Heinrich) Witte

Kantischer Kritizismus gegenüber unkritischem

Dilettantismus

J. H. (Johannes Heinrich) Witte

Kantischer Kritizismus gegenüber unkritischem Dilettantismus

ISBN/EAN: 9783744606332

Hergestellt in Europa, USA, Kanada, Australien, Japan

Cover: Foto ©Thomas Meinert / pixelio.de

Weitere Bücher finden Sie auf **www.hansebooks.com**

KANTISCHER KRITICISMUS

GEGENÜBER

UNKRITISCHEM DILETTANTISMUS

VON

Dr. J. H. WITTE,

PROFESSOR DER PHILOSOPHIE AN DER UNIVERSITÄT BONN.

BONN

VERLAG VON MAX COHEN & SOHN (FR. COHEN)

1885.

Inhalt.

	Seite
Vorwort	III—IV
Einleitung: Begriff und Aufgabe kritischer Philosophie	1—5
I. Kant's Ansicht von reiner Naturwissenschaft	5—6
II. Die Bedeutung erkenntnisstheoretischer Grundsätze bei Kant	7—10
III. Einige für die „Analogieen" unentbehrlichen Ergebnisse der transscendentalen Aesthetik und Kant's Annahme einer simultanen sinnlichen Apprehension	11—15
IV. Kant's passives und actives Verstandesvermögen. Simultane und successive Apprehension auf der Stufe der Verstandesbethätigung	16—22
V. Kant's Unterscheidung von Veränderung und Wechsel. Seine Annahme der durchgängigen Continuität des Geschehens	23—27
VI. Analytische und synthetische Urtheile	28—29
VII. Allgemeines Ergebniss der Kritik von Stöhr's „Replik gegen Witte"	29—30
VIII. Zusatz: Zeitgemässe Modification von Kant's Ableitung der Kategorieen	30—33
IX. Zur Kant-Literatur der Gegenwart	33—40
Anmerkungen	41—66

Deutliche Symptome fortschreitender Anerkennung des Kriticismus. — Die substantielle Auffassung der Seele und Kant's Abweisung unbewusster Vorstellungen. — Die Seelen-Vermögen und die Grenze ihrer Berechtigung vor dem Forum der Wissenschaft. — Herm. Cohen's Eintreten für die Anknüpfung an Kant. — Zu Vaihinger's Stellung zu der Frage über den Sinn reiner Naturwissenschaft bei Kant. — Kant's und Schiller's Verwerfung aller dogmatisch-aprioristischen Construction der Erfahrung. — Zeller's Auffassung von Kant's Lehre über den „Schematismus der Verstandesbegriffe". — Kant's Erkenntnisstheorie als Grundlage aller modernen allgemeinen Methodenlehren. — Die Natur methodischer, objectiver und immanenter Kritik. — Die Zeit als Synthese von Folge und Beharrlichkeit bei Kant und Riehl. — Trendelenburg's und K. Fischer's Anerkennung des Zusammenhangs der transscendentalen Aesthetik und Logik. — Wundt's, Lotze's und Riehl's Stellung zur Unterscheidung associativen und apperceptiven Verhaltens des Bewusstseins. — Einwände eines Güntherianers gegen den Kriticismus. — Das Scheitern des modernen deutschen Positivismus an der Klippe des Kriticismus. — Ein Wort über Goethe's Verhaltniss zu Kant und Spinoza.

Einleitung.

Begriff und Aufgabe kritischer Philosophie.

Was unter kritischer Philosophie zu verstehen ist, lässt sich, nachdem erst jüngst[1]) von so vielen hervorragenden Gelehrten (Cohen, K. Fischer, J. B. Meyer, Windelband, Zeller), der Sinn und die Tragweite der Lehre des Urhebers jener Denkungsart in dieser Wissenschaft trefflich dargelegt worden ist, kurz und bündig angeben. Es ist nämlich wesentlich eine psychologische und eine historische Thatsache, deren richtiges Verständniss zu jener Auffassung der Philosophie hinführt und sie schon rein empirisch rechtfertigt. — Jeder Mensch ist sich ja dessen bewusst, dass eine Fülle von Eindrücken in sein Ich so eingeht, dass dies derselben inne wird; jeder aber kennt nicht minder den anderen Umstand, dass vieles in sein Bewusstsein auch wieder so eintritt, dass sein Ich davon nichts merkt. Jenes ist der Fall, wenn er bei wachem Bewusstsein einem Reize willkürliche oder unwillkürliche Aufmerksamkeit zuwendet; letzteres, sofern dies nicht geschieht, zumal da, wo es niemals vorkommt, wie im tiefen und gesunden Schlafe. Nur sofern wir die Eindrücke merken und sich ihnen unsere Aufmerksamkeit zuwendet, hat unser Bewusstsein eine Erfahrung von deren Inhalte, sonst nicht. Im festen Schlafe erfährt unser Bewusstsein nichts, gleichwohl besteht es während desselben,

und es vermag sogleich nach Aufhören desselben sich in
den Zusammenhang erfahrener Eindrücke wieder zurückzu-
versetzen und die Verbindung mit dem wachen Leben sowohl
anzuknüpfen als auch fortzusetzen. Also Bewusstsein und
Erfahrung decken sich nicht, jenes aber kann ohne diese
bestehen und ist ursprünglicher als letztere. Weil das
Bewusstsein aber ferner die Fähigkeit hat sich selber zum
Objekte zu machen, die Fähigkeit des Selbstbewusstseins,
so würde es diese nur unvollständig nutzen, wenn es nicht
auch gerade in der Hinsicht, in welcher es ursprünglicher
als die Erfahrung ist, sein Wesen ergründen wollte. Das
ist das eine oder psychologische Motiv kritischer, über
die Erfahrung hinausgehender Wissenschaft²).

Das zweite ist historischer Art. Ihm zufolge stellt
sich die Philosophie dar als die Wissenschaft von dem
wissenschaftlichen Leben und von allem der geistigen Selbstthätigkeit in diesem Leben entsprechenden Vernunftleben
überhaupt. Als besondere Wissenschaft erfordert sie wie
jede andere Wissenschaft einen eigenthümlichen Gegenstand, welchen keine sonst erörtert. Alle anderen Wissenschaften haben irgend ein specielles Gebiet der theoretischen Erfahrung zu ihrem Objekte. Dasjenige Gebiet,
welches sie als specielle Erfahrungswissenschaften nicht zu
ihrem Objekte haben können, ist die Thatsache des Vor-
handenseins der Wissenschaften selber und des in all'
ihrer Mannigfaltigkeit sich gleichmässig bekundenden theoretischen Lebens. Das erste eigenthümliche Objekt der
Philosophie im Hinblick auf diese historisch gewordene
Vielheit der speciellen Erfahrungswissenschaften ist diese
Thatsache des wissenschaftlichen Lebens selber. Allein
die einzelnen Erfahrungswissenschaften erschöpfen mit
ihren Objekten nicht einmal das Erfahrungsleben überhaupt. Giebt es doch nicht blos theoretische, sondern

auch praktische und aesthetische Erfahrung; nicht
nur als erkennender und zuhöchst Wissenschaft er-
zeugender, sondern auch als fühlender und zuhöchst
künstlerisch gestaltender sowie endlich als begeh-
render und zuhöchst sittlich handelnder Geist rea-
girt ja unser Bewusstsein den Reizen der Sinnenwelt gegenüber[3]). Nicht nur das in den einzelnen Wissenschaften
der Erfahrung, sondern auch das in anderen Erfahrungen
sich darstellende selbstthätige Leben des Geistes, welches
in den schönen Künsten und sittlichen Gestaltungen hervortritt, hat darum die Philosophie des Weiteren
zu ergründen und zu ihrem eigenthümlichen Objekte. So
hat sie zunächst als besondere Wissenschaft ihre besonderen Objekte, weil sie fundamentale Theorie des
speciell wissenschaftlichen wie des künstlerischen und
sittlichen Lebens ist. Auch die Philosophie ist mithin
Fachwissenschaft, obgleich sie weder specielle Erfahrungswissenschaft noch specielle Kunst oder specielle Sitte ist.
Als Fachwissenschaft ist sie vielmehr allgemeine
Erfahrungswissenschaft wie auch allgemeine Theorie
der Kunst und des sittlichen Lebens. — Die Philosophie
bedarf, da jedem eigenthümlichen Inhalte auch eine eigenthümliche Form entsprechen muss, aber auch einer besonderen Methode. Zwar als Wissenschaft hat sie
dieselbe zum Theil mit den anderen Wissenschaften
gemein. Sie ist nämlich wie diese nicht blos Erfahrung,
sondern Kritik der Erfahrung; da jedoch diese Kritik der
Erfahrung auf selbstbewusstem Verhalten des Geistes beruht und da die Philosophie die in den einzelnen Wissenschaften wie in Künsten und in sittlichen Gestaltungen
vorliegende Kritik der Erfahrung zum Objekte haben soll,
so ist sie Kritik der Kritik der Erfahrung oder Kritik des
in der Form selbstbewussten Verhaltens selbstthätigen, d. h.

des vernünftigen, Geistes in dem gesammten Umfange seiner Erfahrung, sei es dass er erkennend, fühlend oder begehrend functionirt. Kurz sie ist Fundamentalkritik des in Special-Wissenschaften, in Künsten und in Handlungen schöpferischen Vernunftlebens. Diesen Begriff verdanken wir Imm. Kant, der ja in solchem Sinne in der „Kritik der reinen“ oder theoretischen „Vernunft“, in der „Kritik der Urtheilskraft“ oder aesthetischen Vernunft und in der „Kritik der praktischen Vernunft“ das Leben des Bewusstseins in allen seinen Tiefen erforscht und nach allen Seiten hin durchmessen hat.

Ob man die Resultate dieser Kritik im Einzelnen billigt, das ist unwesentlich. Dem grossartigen Probleme und dem Leben spendenden Gesichtspunkte sich zu verschliessen, ist für jeden unbefangenen Denker unmöglich. Durch Anerkennung und Fortbildung dieser kritischen Methode entzieht sich dem lebendigen Fortschritte der Wissenschaft ein Philosoph so wenig wie es ein Naturforscher thut, der bestrebt ist, auf Newton's Bahnen zu wandeln[4]). Warum soll der Philosoph die historische Erbschaft weniger nutzen als der Specialforscher? Was soll es also heissen, welchen vernünftigen Sinn kann es haben, wenn jemand sagt: „Gewiss hat auch der moderne Philosoph fortschrittliche und nicht blos anatomische, negative Aufgaben. Dann muss er aber bei sich selbst und den lebendigen Wissenschaften anfangen und nicht bei Kant“?

Jenen Sinn wird in diesen Sätzen niemand ausfindig machen können, und doch sind dieselben der buchstäbliche Inhalt einer Aeusserung, die A. Stöhr am Ende der im Vorwort bezeichneten Schrift thut. Letztere giebt aber eben nur den nächsten Anlass zu dieser Publikation, in der ich vielmehr hoffe einige fundamentale Punkte der Kantischen Lehre in einer weitere Kreise interessierenden Weise ein und für alle Mal klar gestellt zu haben. Ich erörtere sie in der Reihenfolge, zu der die Besprechung jener Broschüre mir Gelegenheit giebt.

I.
Kant's Ansicht von „reiner Naturwissenschaft."

Zuvörderst erhob ich gegen den Titel der früheren Schrift Stöhr's einen Einwand, weil der Verf. nirgends Kants „Metaphysische Anfangsgründe der Naturwissenschaft" auch nur mit einer Silbe streift. Stöhr bemerkt dagegen, dass Kant selber nach Stellen in der „Kr. d. r. Vern." und in den „Prolegg." schwankend sei in der Unterscheidung von reiner Naturwissenschaft als der rein rationellen und von rationeller als der apriorischen, metaphysischen, die gleichwohl nicht rein rationell zu sein brauche und die in jenen „Met. Anfangsgründen" vorliege. Er selber habe sich aber nur auf die reine, d. h. in Kants präciserem Sinne auf die als rein rationell anzusehende Naturwissenschaft beschränken wollen. Ich entgegne: Mag auch Kant jene Unterscheidung, wofür Stöhr sich auf Vaihinger's Commentar zur Kr. d. r. Ver. beruft, nicht consequent festhalten — was ich selber jetzt dahin gestellt sein lassen will[5]), — so durfte sich Stöhr dennoch nicht auf Meinungen Kant's hier berufen. Denn dies darf nicht in einem solchen Falle geschehen, wo eine für den in Betracht kommenden Sachverhalt entscheidende Thatsache vorliegt. Diese Thatsache ist Kant's Publikation der „Metaphysischen Anfangsgründe der Naturwissenschaft", einer Schrift, die noch dazu bekanntlich später als die „Kr. d. r. Vn." und die „Prolegg." erschienen ist. Jene „Metaph. Anfangsgründe der Naturwissenschaft" enthalten aber schon deshalb in Kant's Sinne ganz zweifellos

reine Erkenntnisse, weil sie dem Titel nach eben nicht
bloss solche einer Naturlehre, sondern Principien der
Naturwissenschaft sind. Von dieser nämlich heisst es
in der Vorrede zu den „Met. Anf. Gr. d. N. W.": „Eine
rationale Naturlehre verdient also den Namen einer Naturwissenschaft nur alsdann, wenn die Naturgesetze, die in
ihr zum Grunde liegen, a priori erkannt werden und nicht
blosse Erfahrungsgesetze sind." — Jede Naturlehre, die
auch apriorische Gesetze enthält, ist nach dieser end-
gültigen Erklärung Kant's Naturwissenschaft und hat
einen reinen Theil. Fügt doch Kant ebd. hinzu: „Da
das Wort Natur schon den Begriff von Gesetzen bei sich
führt, dieser aber den Begriff der Nothwendigkeit der
Bestimmungen eines Dinges .... bei sich führt, so sieht
man leicht, warum Naturwissenschaft die Rechtmässigkeit
dieser Benennung nur von einem reinen Theil derselben, der nämlich die Principien a priori aller übrigen
Naturerklärungen enthält, ableiten müsse und nur kraft
dieses reinen Theiles eigentliche Wissenschaft sei
. . . ." Anstatt nach meinen Einwänden Kant's eigene unzweideutigen Erklärungen in dieser Schrift einzusehen, stützt
sich Stöhr lieber auf Väihinger's Kant-Commentar, der
direct hier gar nicht in Frage kommt und auf Aeusserungen Kant's geht, die bei Vaihinger selber richtiger
interpretirt worden wären, wenn er sie gemessen hätte an
dem Maassstabe der unzweideutigen Darlegungen in der
Vorr. zu den „Met. Anf. Gr. d. Naturw."[6]). — Hiernach
steht nicht nur Ansicht gegen Ansicht, wie Stöhr die
Sache S. 1 darstellt, sondern der in Kant's Schriftenthum
vorliegende Thatbestand nöthigte ihn, die „Met. Anf. Gr.
d. Naturw." zu berücksichtigen, falls der Titel seiner
recensirten Schrift dem behandelten Gegenstande ange-
messen sein sollte. Dieser Titel ist unangemessen in Folge
des den Verf. bezeichnenden unkritischen Dilettantismus.

II.
Die Bedeutung erkenntnisstheoretischer Grundsätze bei Kant.

An zweiter Stelle sucht Stöhr meine Behauptung zurückzuweisen, dass er an Kant's Analogien den Maassstab naturwissenschaftlicher Gesetze lege, während sie in Wahrheit vielmehr erkenntnisstheoretische Axiome seien. Er thut dies, indem er ohne weiteren Beweis die andere Behauptung entgegen stellt, jene Analogien seien keine erkenntnisstheoretischen Axiome. Sagt er doch S. 2 wörtlich „Ich weiss erkenntnisstheoretische Axiome zu schätzen, aber was Kant selbst als solche in den Analogien ausgibt, sind keine. solchen, sondern — de facto vergebliche Versuche Naturwissenschaft a priori zu construiren." Mit keiner Silbe versucht Stöhr diese neue und ungeheuerliche Entdeckung zu begründen! So stünde denn also Behauptung gegen Behauptung, und das nennt Stöhr eine „Replik"! Aber was versteht denn mein Gegner unter „erkenntnisstheoretischen Axiomen", die er „zu schätzen weiss", und wo in aller Welt findet er denn solche, wenn nicht in jenen „Grundsätzen des reinen Verstandes", zu denen auch die „Analogien" gehören, durch die des Weiteren Kant der Begründer der Erkenntnisstheorie geworden ist und aus denen endlich mittels irgend welcher Modificationen nachweisbar alle Grundsätze hervorgegangen sind, die man nach Kant je als erkenntnisstheoretische Axiome in der europäischen Philosophie ausgegeben hat? Stöhr befindet sich freilich nach seinen demnächst folgenden Bemerkungen in völliger Unklarheit über die Natur solcher Axiome. Lässt er doch „die Analogien die „„reine"" Basis bilden, auf welcher dann metaphysische Naturwissenschaft als Mitbewerberin der empirischen thatsächlich aufgebaut werden soll". Hier kehrt also der von mir noch nicht hervorgehobene Irrthum am Ende des zuletzt aus Stöhr's Replik angeführten Satzes wieder, dass Kant Naturwissenschaft a priori construiren wolle oder, wie es hier heisst, metaphysische Naturwissenschaft als Mitbewerberin der empirischen aufbaue. Kant, der Urheber der Naturgeschichte und Theorie des Himmels, — Kant, der überall sorgfältigst im Erkennen das Apriorische vom Aposteriorischen, das Rationale vom Empirischen scheidet, — Kant, welcher nach der Vorrede zu den „Met. Anf. Gr. der Naturw." es als eine „Sache unerlässlicher Pflicht in Ansehung der Methode" hält, „jenen (scil. „reinen") Theil abgesondert und von dem anderen ganz unbemengt . . . . vorzutragen, damit man genau bestimmen könne, was die Vernunft für sich zu leisten vermag, und wo ihr Vermögen anhebt der Beihülfe der Erfahrungsprincipien nöthig zu haben", — Kant, der Verf. der Kritik der teleolog. Urth. Kr. und des § 80 derselben, in welchem er dem Principe des Mechanismus der Natur die Aufgabe vindicirt, die ganze Technik der Natur zu erklären, wie er schon ebd. § 78 die Grenzen von Mechanismus und Teleologie scharf bestimmte, — Kant, nach dem alle Erkenntniss mit Erfahrung anhebt, für welchen Begriffe ohne Anschauungen blind sind, welcher in einer Anmerkung des Anhanges zu den „Prolegg." äussert: „Mein Platz ist das fruchtbare Bathos der Erfahrung", welcher endlich in der „Methoden-Lehre" der „Kr. d. r. Vern." lehrt: „Die Materie aber der Erscheinungen, wodurch uns Dinge im Raume und der Zeit gegeben werden, kann nur in der Wahrnehmung, mithin a posteriori vorgestellt werden" —: eben derselbige Kant also, der dies alles behauptet, soll das mit allen diesen Lehren Unvereinbare

gethan, er soll „Naturwissenschaft a priori construirt haben!"
Und diese so absolut grundlose Meinung verquickt Stöhr
in dem zuletzt citirten Satze noch mit einer Reihe weiterer
Irrthümer, so dass hier ein wahrer Rattenschwanz von
Missverständnissen vorliegt, deren Knäuel nur mühsam zu
entwirren geht. Werden doch von Stöhr die Analogien
an dieser Stelle für die reine Basis der Naturwissenschaft
erklärt, während in Wahrheit nicht nur diese, sondern jede
Erfahrungswissenschaft an denselben eine Grundlage hat.
Denn die Analogien sind eben recht eigentliche erkenntnisstheoretische Principien. Wenn ich dies dargethan haben
werde, so wird es überflüssig erscheinen zu zeigen, dass
Kant's Subsumirung der Constanz des Gewichtes unter
die erste Analogie gar keine directe, sondern nur eine
mittelbare Unterordnung ist, die noch dazu nur den Cha-
rakter einer Illustrirung jener Analogie durch ein Beispiel
hat, das blos in bestimmter Hinsicht ihr unterfällt. —

Erkenntnisstheoretische Grundsätze sind die
Analogien aber, weil sie solche aus keinem andern Principe
ableitbare oberste Normen enthalten, die maassgebend sind
für jedes auf einen normal-anschaulich erfassten Inhalt
bezogene Denken. Die Erkenntnisstheorie ist ja die
Wissenschaft nicht blos von den Normen des Denkens,
sondern von den Normen des Denkens und Anschauens.
Während also die Logik es nur mit den formalen und
methodologischen Grundlagen des vernunftgesetzmässigen
Verhaltens im Denken zu thun hat, ergründet die Erkenntnisstheorie die Normen des Erkennens in seinem
ganzen Umfange. Diese Disciplin hat es auch mit den
Vernunftformen des Anschauens, z. B. mit Raum und Zeit,
zu thun. Gerade diese erörtert die „Kr. d. r. Vern." bekanntlich an erster Stelle. Die Logik lehrt freilich nur,
welche Denknormen für einen Wahrnehmungs- und An-

schauungsinhalt objektive Bedeutung haben können, die
Erkenntnisstheorie aber, durch welche Vereinigung solcher
normalen Denkformen mit den normalen Anschauungsformen Gewissheit der wissenschaftlichen Erfahrung oder
normale Erkenntniss zu Stande kommt [8]). Nun geschieht
dies nach Kant durch solche Beziehung der normalen
Denkformen mittels der die Sinnlichkeit und den Verstand
verbindenden produktiven Einbildungskraft auf den in
reinen Anschauungsformen aufgefassten Inhalt, dass dadurch ein Verhältniss der vorempirischen Einheit des Bewusstseins zur Erfahrung zum Ausdrucke gebracht, also
eine nothwendige Bestimmung der letzteren für jenes Bewusstsein gewonnen wird. Die möglichen Arten dieser
für Erfahrungsinhalte geltenden vernunftgemässen Bestimmungen stellen ebenso viele gesetzmässigen Beziehungen
dar, deren begriffliche Bedeutung durch die „Grundsätze
des reinen Verstandes" ausgedrückt wird, und ein Theil
dieser sind wiederum die „Analogien der Erfahrung", die
mithin zweifellos für erkenntnisstheoretische Axiome gelten
müssen. Man kann wohl über den speciellen Sinn, auch
über die Anzahl und die Richtigkeit ihrer Herleitung
streiten, aber diese Kantische Darlegung und Auffassung
ihrer generellen Natur ist noch von niemand, der irgendwie Kant wirklich kennt, als eine bedeutsame und dem
Wesen nach für die Wissenschaft sehr folgenreiche Theorie
bestritten worden [9]). Völlig verkehrt ist es deshalb, diese
Analogien als naturwissenschaftliche Gesetze zu behandeln.
Der Verf. thut dies auch in No. II. seiner Replik, wenn
er dieselben nur als reine Basis einer angeblich apriorischen Construction der Naturwissenschaft ansieht, trotzdem
er mit dogmatischer Zuversicht diesem Abschnitt die Ueber-
schrift gibt: „An Kant wird nicht der Maassstab moderner
Naturwissenschaft gelegt."

III.

Einige für die „Analogien" unentbehrlichen Ergebnisse der transscendentalen Aesthetik und Kant's Annahme einer simultanen sinnlichen Apprehension.

Wenn Stöhr aber in Bezug auf den an dritter Stelle von mir ausgesprochenen Tadel, dass er die Analogien ohne Rücksicht auf die transcendentale Aesthetik auslege, nunmehr sub III der Replik erklärt: „Ich interpretire die Analogien geflissentlich ohne Rücksicht auf die Ergebnisse der transsc. Aesthetik", so heisst das nichts anderes als: Ich verfahre mit klarem Bewusstsein unmethodisch. Mit dieser Erklärung stellt sich Stöhr ausserhalb der Reihe wissenschaftlich geschulter Kant-Interpreten [10]). Nach dem, was ich oben über die Analogien gesagt habe und jeder in der „Kr. d. r. Vern." selbst oder in zuverlässigen und bündigen Darstellungen, wie bei Zeller in der „Gesch. d. dtsch. Phil. seit Leibnitz" bestätigt findet, ist deren Sinn, als der von Grundsätzen des reinen Verstandes, gar nicht ohne deren Verhältniss zu der Sinnlichkeit zu verstehen, über deren Natur die transscendentale Aesthetik aufklärt. Nach Stöhr aber kann „man aus dieser für den Beweisgang der Analogien nichts lernen." Freilich, wer die Aesthetik, wie Stöhr, nicht studirt, kann aus ihr auch nichts lernen; nur ein so Unkundiger kann behaupten: „Die transscendentale Aesthetik lehrt nur im Allgemeinen, dass der Raum eine apriorische Anschauungsform sei, was aus den Analogien eo ipso folgt," — nur einem so Unkundigen kann die dort zu findende Widerlegung der Annahme entgehen, die Stöhr Kant fälschlich und aus Missverstand der isolirt interpretirten Analogien unterschiebt, dass die

2

sinnliche Apprehension nichts Gleichzeitiges biete. So
wenig ist ja für Kant alle sinnliche Apprehension successiv,
dass er sogar von der Zeit im § 6 bemerkt, „dass alle
ihre Verhältnisse an einer äusseren Anschauung sich ausdrücken lassen,“ dass er überdies in den „Allgem. Anmerk.“
des § 8 hinzufügt: „die Zeit . . ., als formale Bedingung
der Art, wie wir sie im Gemüthe setzen, . . . enthält schon
Verhältnisse des Nacheinander-, des Zugleichseins und
dessen, was mit dem Nacheinandersein zugleich
ist (des Beharrlichen).“ Die Zeit als formale Bedingung
solcher Setzung ihrer selbst ist aber nach demselben §
Ergebniss der Apprehension, sofern diese als ein Vermögen der Selbstaffection des Subjects der inneren Anschauung functionirt. „Wenn,“ sagt Kant, „das Vermögen
sich bewusst zu werden das, was im Gemüthe liegt, auf-
suchen (apprehendiren) soll, so muss es dasselbe affi-
ciren und kann allein auf solche Art eine Anschauung
seiner selbst hervorbringen, deren Form aber . . . die
Art, wie das Mannigfaltige im Gemüth beisammen ist, in
der Vorstellung der Zeit bestimmt.“ Nicht einmal die
als Selbstaffection bei Aufsuchung des im Gemüthe selbst
liegenden Mannigfaltigen sich bethätigende Apprehension
ist hiernach zeitlich bestimmt, sondern nur die Form der
Vorstellung ihrer Mannigfaltigkeit; wie viel weniger darf
die als Affection äusserer Sinne bei Aufsuchung der ausserhalb des Gemüths liegenden Objecte sich vollziehende Apprehension als bloss successiv gefasst werden! Ja nicht einmal
das Zeitbewusstsein selbst ist nur successiv, sondern nur die
Vorstellung des Mannigfaltigen in ihm. Könnte es doch
gar nicht das, was Kant in einem der ersten Analogie
angehörenden Passus der 1. Ausg. der Kr. d. r. Vern. als Zeitumfang bezeichnet, geben, falls alle Apprehension success-
siv wäre. Kant sagt dort nämlich: „Alle Erscheinungen sind

in der Zeit. Diese kann auf zweifache Weise das Verhältniss im Dasein derselben bestimmen, entweder sofern sie nacheinander oder zugleich sind. In Betracht der ersteren wird die Zeit als Zeitreihe, in Ansehung der zweiten als Zeitumfang betrachtet.“ Also *Erscheinungen* in der Zeit können zugleich sein nach diesen Sätzen, und Erscheinungen sind als solche nach § 8 Nr. II der Kr. d. r. Vern. angewiesen auf Apprehension, ihnen genügt aber nicht Apperception, deren Objecte allerdings stets successiv erfasst sind. — Ganz falsch behauptet Stöhr daher auch, dass die Gerade AB eigentlich eine Succession ist, während dies nur von ihrer Vorstellung gilt. Durch einen Rückblick auf den § 6 der transsc. Aesthetik wäre mein so ununterrichteter Gegner auch vor diesem Fehler bewahrt geblieben, da nach dessen Absatz b) die Theile der Linie im Unterschiede von denen der Zeit sogar zugleich vorgestellt werden. Es giebt mithin schon nach dieser Stelle auch für Kant nicht bloss eine simultane Apprehension, sondern auch eine simultane Vorstellung. Allerdings sind solche Vorstellungen nach Kant dann nur percipirt und nicht appercipirt, wie wir weiter unten sehen werden. Kurz: Kant verwechselt niemals, wie es ein flüchtiger Interpret thut, das Nacheinander von Bewusstseinsacten mit dem Bewusstsein ihres Nacheinander, seien diese Acte nun Empfindungen oder Vorstellungen [11]), als ob das letztere stets auch das erstere voraussetzte!

Schon diese Darlegungen könnten genügen zum Beweise dessen, dass Stöhr vieles aus der transsc. Aesthetik hätte lernen können, was er leider nicht gelernt hat. Es liegt an diesem Mangel, dass derselbe ebenfalls unter Nr. III. seiner Replik die Ansicht aufstellt: „Nach Kant gibt es gar keinen starren Raum und keine starren geometrischen Figuren.“ Nirgend lehrt Kant so etwas. Der

Raum als apriorische Form der äusseren Anschauung ist freilich kein starrer Raum, und darum ist ein solcher auch nicht Voraussetzung der Axiome der Anschauung, die wir als Grundsätze erhalten, wenn wir die Erscheinungen dem auf die äussere Anschauung bezogenen und so schematisirten Quantitätsbegriff unterstellen. Wohl aber kennt Kant einen starren Raum im Sinne einer gewissen Art der empirischen Erfüllung eines bestimmten Raumtheiles, d. h. Kant kennt einen starren Körper. Diesen definirt Kant (in den „Met. Anf. Gr. der Naturw." in der Allg. Anm. zur Dynamik, dem II. Hptst.) dahin: „Ein fester — besser ein starrer — Körper (corpus rigidum) ist der, dessen Theile nicht durch jede Kraft an einander verschoben werden können — die folglich mit einem gewissen Grade von Kraft dem Verschieben widerstehen".

Stöhr hat demnach nicht nur in seiner früheren Schrift auf eine methodisch-unhaltbare Weise die Analogien unabhängig von den Ergebnissen der transscendentalen Aesthetik interpretiert, sondern es zeigt auch seine in der „Replik" versuchte Begründung seines Verfahrens, die er schon von Anfang an geben musste, überdies, dass er die transscendentale Aesthetik gar nicht aus gründlichem Studium kennt und in Folge einer blos oberflächlichen Kenntnissnahme ihren Inhalt theils total missversteht, theils nur ganz lückenhaft verwerthet, sodass er den Sinn der Analogien oft falsch auffasst.

Allein nicht blos die Kenntniss, auch die Logik lässt Stöhr in diesem Abschnitte III im Stiche. Ich tadle die von Stöhr versuchte Interpretation der Analogien ohne Rücksicht auf die Ergebnisse der Aesthetik, und Stöhr fasst die Sache so auf, als ob ich deshalb leugnete, dass die volle Bedeutung und Tragweite jener erst nach Kenntnissnahme der Grundsätze und speciell der Axiome und

Analogien einleuchten könne. Wie jeder Schriftsteller, so
setzt natürlich auch Kant zwar voraus, dass das Frühere
ohne das Spätere in der Hauptsache verständlich sei,
glaubt aber gewiss trotzdem, dass jenes durch letzteres
noch weitere Aufhellung gewinne. Immerhin kann das
Spätere gar nicht ohne das Frühere, obschon dies zum
Theil ohne jenes verstanden werden. Stöhr indessen
schreibt: „Ich bin der Ansicht, dass nicht, wie Witte
meint, das Ergebniss der transscendentalen Aesthetik für
die Analyse der Analogien nöthig ist, sondern dass vielmehr das volle Verständniss der Aesthetik erst durch das
Studium der Analogien möglich wird." Letzteres ist ganz
meine Meinung, die ich sogar dahin erweitere, dass dazu
ausserdem noch das Studium der Antinomienlehre uner-
lässlich ist [12]); das erstere jedoch ist an sich und nach
dem eben ausführlich Dargelegten eine absolut unhaltbare
Ansicht. Es fehlt nur noch, dass Stöhr uns als rechte
Methode die anpreist, die Bücher rückwärts zu lesen. Und
wahrhaftig, auch zu diesem Rathe versteht sich unser
jüngster Kantphilologe fast buchstäblich, und man be-
achte wohl: sein in diesem Sinne gegebener Rath wird
nicht ertheilt in Bezug auf die Lectüre eines modernen
Romans, sondern für das Studium der Kr. d. r. Vern., dieser
Bibel aller kritischen Forschung in der philosophischen
nicht minder als in der specialistischen Wissenschaft! Heisst
es doch auf S. 3 wörtlich: „Ich behaupte geradezu, dass
Kant ohne Schaden für den Inhalt und Geist und zum
Vortheile logischer Disposition seiner Transscendental-
philosophie die Kritik der reinen Vernunft mit der zweiten
Analogie der Erfahrung hätte beginnen können." Dieser
Satz steht unter aller Kritik, so dass ich ihm nichts hin-
zuzufügen habe.

IV.

**Kant's passives und actives Verstandesvermögen.
Simultane und successive Apprehension auf der
Stufe der Verstandesbethätigung.**

Es folgt der Abschnitt IV, überschrieben: „Die durchgängige Successivität der Apprehension." Diese Successivität vermeint Stöhr also als Ansicht Kant's mir gegenüber festhalten zu können. Dass er hierin sich im Irrthum
befindet, ist sub III bereits bewiesen worden. Wunder-
bar ist nur, dass mein Gegner, der diese durchgängige Successivität zwar fälschlich als kantisch hinstellt, der Sache
nach aber nicht an sie glaubt, seine gegen mich gerichtete
Argumentation mit den Worten beginnt: „Ich vermag nicht
zu glauben, dass ein »passives« und ein »selbstthätiges«
Bewusstsein von einem und demselben Etwas in mir
wohne." So viel ist sicher, alle nennenswerthen modernen
Psychologen und Erkenntnisstheoretiker, z.B. Lotze, Wundt
und Riehl erkennen denselben Sachverhalt mit mir an.
Es bedarf hier aber gar keiner Berufung auf Autoritäten,
da die Selbstbeobachtung in diesem Falle eine vollkommen
ausreichende Instanz ist. Stöhr, der nach den Darlegungen sub III den triftigsten Anlass hätte, seine Ansicht von der Kant'schen zu scheiden, thut es in diesem
Abschnitte zunächst leider nicht; er behauptet vielmehr
in Bezug auf jenes passive Bewusstsein (S. 4): „Ich ver-
füge nicht über ein solches anderes Bewusstsein und wüsste
auch mit ihm nichts anzufangen. Ueberdies sagt Kant
ausdrücklich, dass der Verstand die Erfahrung nicht verdeutliche, sondern allererst mache. Damit bleibt nicht das
kleinste passive Bewusstsein übrig." — Stöhr nimmt hiernach eine eximirte Stellung unter allen Selbstbeobachtern

ein. Oder wem sollte es entgehen, dass viele Eindrücke
jeden Augenblick gleichzeitig auf unser Bewusstsein ein-
dringen, ohne dass wir von ihnen etwas direct erfahren?
Wenn letzteres geschehen soll, muss die Seele sich erst
den Empfindungen mit einem gewissen Grade unwillkürlicher oder gar willkürlicher Aufmerksamkeit zuwenden.
Sobald dies oder jenes geschieht, wird die Empfindung
zur Wahrnehmung oder die rein associativ percipirte
Vorstellung zur apperceptiv erfahrenen Vorstellung: diese
wahrgenommenen Empfindungen oder diese appercipirten
Vorstellungen können freilich nur nacheinander in mein
Bewusstsein eintreten, weil letzteres hier Erfahrungen
in selbstthätigem Verhalten macht; empfunden und
rein associativ vorgestellt kann aber vieles von mir
simultan werden, ohne dass es in meiner Erfahrung eine
Spur zurücklässt. So werden die Obertöne mit dem Grund-
tone als Schalleindruck oder Klang gleichzeitig empfunden;
und jeder hat auch eine andere Gehörsempfindung beim
Anschlagen eines Accordes als bei dem eines einzelnen
Tones. Gleichwohl nehme ich eine Harmonie nur wahr
als Folge einer nacheinander in meine Erfahrung ein-
tretenden Reihe von Schalleindrücken; die Harmonie, resp.
Disharmonie gelangt darum lediglich als Melodie in mein
Erfahrungs-Bewusstsein. — Die Thatsache von dem Unterschiede eines relativ passiven in der Erfahrung nicht direct
spürbaren und eines relativ activen in der Erfahrung lebendigen und sie machenden Bewusstseins dürfte hiernach
ausser Zweifel stehen. Nicht in dem Sinne einer unbewussten, wie Stöhr meint, sondern nur einer unerfahrenen,
brauche ich also die simultane Apprehension zu verstehen.
Lotze, wie Wundt und auch Riehl tragen ihr Rechnung,
indem sie zwischen associativem und apperceptivem Ver-
laufe der psychischen Phaenomene unterscheiden und ent-

weder letzeren nur successiv sein lassen oder in diesem
wie in jenem das simultane und das successive Verhalten
auseinanderhalten [13]). — Es kann sich nur noch fragen,
ob auch Kant von entsprechenden Unterschieden weiss.
— Dass die Apprehension nach ihm simultan sein kann,
haben wir sub III bewiesen. Denn § 8 der Kr. d. r. Vern.
lehrte dies zweifellos; überdies unterscheidet Kant ja
zwischen Receptivität und Spontaneïtät in einer Weise,
dass er jedenfalls jene Passivität kannte, die Stöhr be-
zweifelt. Wenn letzterer also bemerkt, dass der Verstand
die Erfahrung nicht verdeutliche sondern mache, so vergisst
er erstlich, dass ich selber mit dem Ausdrucke „Eingehen
auf passive Art in unser Bewusstsein" überhaupt nicht blos
an den Verstand gedacht habe, sondern auch an die Sinnlichkeit, da ich ja nicht die Rücksichtnahme auf diese von
der auf den Verstand wie mein Gegner schlechthin zu
isoliren vermag. Die kritische Psychologie Kant's macht
aber endlich sogar auch die Annahme eines relativ passiven Verstandes.

Der Verstand, rein für sich genommen, ist freilich
nach No. I der „Einl. in die transscendentale Logik" das
Vermögen der Spontaneïtät und als solches, wie Kant
wörtlich lehrt, das „Vermögen Vorstellungen selbst her-
vorzubringen," also durchaus selbstthätig. Anders aber
steht es mit dem Verstande, der an sich auch ohne auf
sinnlichen Inhalt gerichtet zu sein functioniren kann, gerade
da, wo er erkenntnisstheoretisch verwerthet wird und eben
deshalb in den Dienst eines sinnlich angeschauten Inhalts tritt. Hier verhält sich der Verstand rein spontan
nur, sofern er dem sinnlich erfassten Inhalte die vorempirische, kategoriale Einheit durch Beziehung auf die ursprüngliche transscendentale Einheit des Selbstbewusstseins giebt. Nicht rein spontan, sondern nur zum Theil

spontan wirkt der Verstand aber als Urheber der transscendentalen Synthesis der Einbildungskraft.
Kant erörtert diese im § 24 Kr. d. r. Vern. und unterscheidet
sie ebenda noch ausdrücklich sowohl von dem nur leiden-
den Vermögen der Affection des inneren Sinnes, als auch
der rein spontanen Function des Verstandes oder der
intellectuellen Synthesis. Wir lesen aber im § 24 Folgendes: „Einbildungskraft ist das Vermögen, einen Gegenstand auch ohne dessen Gegenwart in der Anschauung
vorzustellen. Da nun alle unsere Anschauung sinnlich ist,
so gehört die Einbildungskraft, der sujectiven Bedingung
wegen, unter der sie allein den Verstandesbegriffen eine
correspondirende Anschauung geben kann, zur Sinnlichkeit; so fern aber doch ihre Synthesis eine Ausübung der
Spontaneität ist, welche bestimmend und nicht, wie der
Sinn, blos bestimmbar ist, mithin a priori den Sinn seiner
Form nach der Einheit der Apperception gemäss bestimmen kann, so ist die Einbildungskraft so fern ein Vermögen, die Sinnlichkeit a priori zu bestimmen; und ihre
Synthesis der Anschauungen, den Kategorien gemäss,
muss die transscendentale Synthesis der Einbildungskraft
sein, welches eine Wirkung des Verstandes auf die
Sinnlichkeit . . . ist, als figürlich, von der intellectuellen Synthesis ohne alle Einbildungskraft blos
durch den Verstand unterschieden." — — — — —
„Weil nun der Verstand in uns Menschen selbst kein Vermögen der Anschauuung ist und diese, wenn sie auch in
der Sinnlichkeit gegeben wäre, doch nicht in sich auf-
nehmen kann, um gleichsam das Mannigfaltige seiner
eigenen Anschauung zu verbinden, so ist seine Synthesis,
wenn er für sich allein betrachtet wird, nichts Anderes,
als die Einheit der Handlung, deren er sich als einer
solchen, auch ohne Sinnlichkeit bewusst ist, durch die er

aber selbst die Sinnlichkeit innerlich in Anschung des Mannigfaltigen, was der Form ihrer Anschauung nach ihm gegeben werden mag, zu bestimmen vermögend ist. Er [d. i. der Verstand] also übt, unter der Benennung einer transscendentalen Synthesis der Einbildungskraft, diejenige Handlung auf's *passive* [14]) S u b j e c t, d e s s e n V e r m ö g e n e r i s t, aus, wovon wir mit Recht sagen, dass der innere Sinn dadurch afficirt werde." (Hiernach functionirt in diesem Falle der V e r s t a n d s e l b s t als das Vermögen eines sich p a s s i v verhaltenden Subjects.) „Die Apperception" — fügt Kant endlich hinzu — „und deren synthetische Einheit ist mit dem inneren Sinne sogar nicht einerlei, dass jene vielmehr, als der Quell aller Verbindung, auf das M a n n i g f a l t i g e d e r A n s c h a u u n g e n ü b e r - h a u p t, unter dem Namen der Kategorien, vor aller sinnlichen Anschauung auf Objecte überhaupt geht; dagegen der innere Sinn die blosse F o r m der Anschauung, aber ohne Verbindung des Mannigfaltigen in derselben, mithin noch gar keine b e s t i m m t e Anschauung enthält."

Dieser letzte Passus ist für unsere Argumentation aber noch von ganz besonderer Wichtigkeit. Wenn Kant in ihm erklärt, dass der innere Sinn für sich allein nur die Form der Anschauung enthält und darum keine bestimmte Anschauung, die eine Verbindung des Mannigfaltigen in ihr voraussetzt, wie sie die synthetische Einheit der Apperception bewirkt, so hat der Verstand als Urheber dieser es also stets mit der Verbindung des Mannigfaltigen in einer Anschauung zu thun; jedenfalls gilt dies vom Verstande als Erzeuger der transscendentalen Synthesis der Einbildungskraft. Gerade dieser Verstand ist es aber, durch dessen Funktioniren die Erfahrung nach den synthetischen Grundsätzen des reinen Verstandes und im besonderen Falle nach den Analogien bestimmt wird. Der Inhalt letzterer kann mithin nur auf bestimmte Anschauungen gehen, auf solche, die sich als das zur Einheit verbundene Mannigfaltige einer Erscheinung darstellen. Apprehendire ich ein solches Mannigfaltige, so apprehendire ich es also nicht sinnlich, auch nicht blos mittelst associativer, sondern sogar mittels apperceptiver kategorialer und selbstbewusster Vorstellung. Diese bei Anwendung der Analogien sich vollziehende „Apprehension des Mannigfaltigen der Erscheinung", deutlicher in einer Erscheinung, ist also nicht zu verwechseln mit einer Apprehension mannigfaltiger Erscheinungen. Jene muss stets successiv sein, weil sie Sache einer auch spontanen oder selbstthätigen Leistung des Verstandes ist, diese kann auch simultan sein.

Stöhr verwechselt — und das scheint mir der Grundirrthum, aus dem seine Behauptung einer durchgängigen Successivität der Apprehension hervorgeht — ich sage: Stöhr verwechselt die Apprehension des Mannigfaltigen der Erscheinung mit der Apprehension mannigfaltiger Erscheinungen. Und doch hat Kant sowohl in der Beleuchtung der ersten wie der zweiten Analogie bei der Behutsamkeit seiner Terminologie dieselbe jeden Irrthum ausschliessende Wendung gebraucht. Das mit ihr bezeichnete, in bestimmter Anschauung erfasste Mannigfaltige der Erscheinung, mit welchem es der zum Theil spontan wirkende Verstand zu thun hat, ist selbstverständlich nur successiv, das in unbestimmten Anschauungen percipirte Mannigfaltige der Erscheinungen kann auch simultan apprehendirt werden. Wer freilich im II. Buch der Analytik nicht mehr weiss, was Kant im I. Buch § 24 gelehrt hat, dem muss jener Unterschied entgehen, der sollte aber auch sich nicht erkühnen, sich zum Interpreten eines so umfassenden und gewaltigen Werkes, wie es die Kr. d. r. Vern. ist, aufzuwerfen.

Nun beruft sich Stöhr allerdings auf E. Laas[16]). Leider ist diesem aber das gleiche Missverständniss begegnet. In seiner Kritik des von ihm sogenannten zweiten Beweises für die erste Analogie geht im § 21 seiner Monographie über „Kant's Analogien der Erf." dieser Gelehrte von dem Satze aus: „Unsere Apprehension des Mannigfaltigen ist nicht durchweg successiv." Er betont vielmehr im sogleich folgenden Satze dies: „Sie wird successiv, wenn wir über die Grenzen des zunächst gegebenen Gesichtsfeldes hinausgehen müssen; sie wird successiv, wenn wir einzelne Theile des vorher als ein Ganzes Apprehendirten genauer kennen lernen wollen." Aber eben dieser letztere Fall, noch dazu in seiner kategorial und transscendental zu bestimmenden Gewissheit, ist es allein, der Kant hier interessiren kann. Für diesen liegt gar nicht mehr die Apprehension des Mannigfaltigen überhaupt, sondern nur die des in bestimmter Anschauung erfassten Mannigfaltigen in einer Erscheinung vor. Laas greift Kant vom Standpunkte sinnlicher Apprehension an, während es dieser nur mit der des als transcendentale Synthesis der Einbildungskraft functionirenden Verstandes zu thun hat. Kurz Laas kämpft gegen Windmühlen, weil er einen Thatbestand voraussetzt, welcher gar nicht vorliegt. Es ist dies eine Folge davon, dass Laas bei seiner Analyse der Kantischen Analogien häufig auch allzusehr von den in den früheren Abschnitten der Kr. d. r. Vern. gewonnenen Resultaten absieht.

Gerade bei der Kant-Forschung rächt es sich stets doppelt, wenn jemand nur durch eine fremde Brille die Quelle ansieht oder gar sich den Blick in diese erspart.

V.

Kant's Unterscheidung von Veränderung und Wechsel, seine Annahme durchgängiger Continuität des Geschehens.

Wir werden uns nicht wundern, dass Stöhr auch in dem folgenden Abschnitte seiner Replik — es ist No. V. „Zur ersten Analogie", — nachdem sich in solcher Weise sein Blick getrübt hat, in Kant hineinliest, was nirgends dasteht. Ich hatte gegen seine Analyse dieser Analogie eingewendet, dass Kant gerade der Veränderung, nämlich im Gegensatze zum Wechsel, Existenz zuschreibt und also Stöhr's Behauptung unkantisch sei, dass die sinnliche Erscheinungswelt nur Beharrendes biete.

Jetzt erwidert Stöhr: „Kant nimmt dem Uebergange aus einem Zustande in den anderen (dem Wechsel) jede Grösse in der Zeit, mithin die Wahrnehmbarkeit für sich selbst. Gleich dem mathematischen Punkte in der Linie u. s. w. soll man sich ihn nur denken können als Grenze zwischen zwei Dauerzuständen." Von alledem steht aber bei Kant keine Silbe. Vielmehr lesen wir bei Kant Folgendes: „Durch das Beharrliche allein bekommt das Dasein in verschiedenen Theilen in der Zeitreihe nach einander eine Grösse, die man Dauer nennt. Denn in der blosen Folge allein ist das Dasein immer verschwindend und anhebend und hat niemals die mindeste Grösse. Ohne dieses Beharrliche ist also kein Zeitverhältniss. Nun kann die Zeit an sich selbst nicht wahrgenommen werden; mithin ist dieses Beharrliche an den Erscheinungen das Substrat aller Zeitbestimmung, folglich auch die Bedingung der Möglichkeit aller synthetischen Einheit der Wahrnehmungen etc. der Erfahrung . . ." Nirgends redet

hier Kant von dem „Uebergange aus einem Zustande in den anderen". Nicht diesem kann er hier
also die Grösse in der Zeit nehmen, sondern er nimmt
sie der blossen Folge, die, wie wir schon aus der transscendentalen Aesthetik § 8 No. II. wissen, lediglich ein
Moment der Zeit neben dem des Zugleichseins ist. Eben
darum kann ohne dieses, wie Kant hier noch ausdrücklich erinnert, gar kein Zeitverhältniss stattfinden. Da nun
alle Erscheinung und alle sinnliche Realität diesem Verhältniss (sowohl nach der transscendentalen Aesthetik als
nach dem I. u. II. Buch der Analytik, speciell nach dem
Principe der Anticipation der Wahrnehmung und dem des
Axioms der Anschauungen) unterliegt, so hat jene jeder
Grösse baare Folge für sich allein gar keine Realität,
sondern sie gewinnt solche nur als Accidenz eines in be-
harrlicher Zeit dauernden Gegenstandes oder einer Substanz. Nur solche Folge ist ein Wechsel. Fährt doch
Kant an letzt angeführter Stelle fort: „und an diesem
Beharrlichen kann alles Dasein und aller Wechsel in der
Zeit nur als ein modus der Existenz dessen, was bleibt
und beharrt, angesehen werden". Dieser Wechsel hat also
auch eine Zeitgrösse, freilich nicht eine äusserlich wahrnehmbare, da dieselbe auf der synthetische Erfahrung,
d. i. Erfahrungserkenntniss, ermöglichenden Einheit beruht, aber doch eine innerlich wahrnehmbare, sofern die
Folge eben als Wechsel des Gegenstandes und im Verhältniss zur zeitlichen Dauer des letzteren zum Bewusstsein kommt und sogar mittels dieser Erkenntniss der Zeit-
verhältnisse oder, wie es hier heisst, der Zeitbestimmung
zu Grunde liegt. Denn die Zeit an sich selbst ist nicht
wahrnehmbar, wohl aber deren Dauer, und die Zeit selbst
ist nach dieser Stelle gerade dadurch charakterisirt und
allein als Bedingung nothwendiger Erfahrungserkenntniss

verwerthbar, dass sie eine Synthese von Beharrlichkeit
und Folge ist, deren Erscheinung in einer bestimmbaren
Reihe einzelner Erfahrungen die wahrnehmbare Dauer ist.
(Wesentlich richtig hat zuerst Riehl im II. Bd. seines
„Philos. Kriticismus“, S. 118 diesen Sachverhalt durchschaut.) Soviel ist also sicher, einen der Zeitdauer baaren
Wechsel kennt Kant schon nach der ersten Analogie der
Erf. nicht. Zum Ueberfluss gibt der kritische Philosoph
aber auch bei Beleuchtung der zweiten Analogie eine sogleich zu erwähnende Erklärung ab, durch die dasselbe
bestätigt wird. Ich bedarf derselben aber noch als eines
Arguments gegen einen weiteren Irrthum, in dem Stöhr
sich befindet. Dieser merkt S. 12 an: „Witte sagt,
Kant schreibt der Veränderung deutlich Existenz zu als
etwas Bleibendem. Das ist ja einfach nicht richtig. Nicht
der Veränderung sondern dem, was sich verändert.“ Gewiss schreibt Kant auch diesem letzteren Existenz zu,
aber eben deshalb auch der Veränderung selber. Kant
geht in dem von mir citirten Satze sogar von der Veränderung als dem Erkenntnissgrunde aus und folgert aus
ihr erst die bleibende Existenz der Substanz als des Real-
grundes. Denn es heisst wörtlich: „Veränderung ist eine
Art zu existiren“ (— Kann diesem Ausdrucke gegenüber
irgend jemand ausser Stöhr der Veränderung Existenz
absprechen? —), „welche auf eine andere Art zu existiren
eben desselben Gegenstandes erfolgt. Daher (sic!) ist
alles, was sich verändert, bleibend und nur sein Zustand
wechselt.“ Wie der bleibenden Substanz die bleibende
Veränderung desselben Gegenstandes, so entspricht hiernach dem Mangel einer solchen Substanz oder dem Wandel
der Gegenstände der Wechsel in der Abfolge der Erscheinungen. Der Gegenstand verursacht, solange und sofern er selber der gleiche bleibt, auch beharrliche Wir-

kungen in der Zeit oder Veränderungen; sofern er selber
ein anderer wird oder andere an seine Stelle treten, tritt
aber eine vorübergehende Wirkung in der Zeit ein, ein
Wechsel, der dem neuen Zustande des Gegenstandes resp.
der Wirkung eines anderen Gegenstandes entspricht. Da
aber Kant in dieser Analogie nur das Verhältniss der
Substanz im Auge hat, so sieht er von letzterem Moment
ab und erklärt den Wechsel nur für Folge des neuen Zu-
standes, dieses nicht bleibenden Verhaltens des Gegenstandes. Ich sagte in meiner Recension: Kant sieht nur
den Wechsel als blossen Zustand an, womit ich natürlich
meinte, wie das der Zusammenhang zweifellos lässt, als
blosse Zustandsänderung, während Veränderung Gegen-
standsänderung ist; jener ist eine vorübergehende, diese
eine dauernde Bewegung und Wirkung der Substanz. Auch
der Wechsel hat irgend eine Grösse und irgend welche
Dauer, wie vorher dargethan wurde, nur ist die letztere
nicht Folge der bleibenden Natur der Substanz, obschon
nur im Vergleich mit deren Veränderungen bestimmbar.
Freilich äusserlich wahrnehmbar ist der Wechsel nicht,
sondern nur sein Erfolg. Ich habe jedoch in meiner Recension sogar zuviel zugestanden, wenn ich von allem
Wechsel gelten liess, was ich nur von allen der äusseren
Anschauung zugänglichen Wirkungen desselben hätte zu-
gestehen sollen, dass diese solche Erscheinungen seien,
deren Wandel in letzter Linie sinnlich wahrnehmbar
sprungweise erfolge. Denn in der That unterliegen alle
realen Wirkungen in zeitlicher Abfolge dem Causalgesetze
und gehen damit continuirlich vor sich. Und indem er
dies darthut, giebt Kant eben jene Erklärung ab, auf die
ich schon oben hinwies und wegen deren es ganz unmöglich ist zu meinen, dass Kant einen realen Uebergangs·
zustand kenne, der keine Zeitgrösse habe, und es möglich sei,

ihm die Ansicht zu unterstellen: „Alle Veränderungen in den Erscheinungen erfolgen in letzter Linie sinnlich wahrnehmbar sprungweise." Wie diese Behauptung Stöhr's direkt dem Causalgesetz und der ganzen zweiten Analogie Kant's ins Gesicht schlägt, so ist sie nämlich speciell unvereinbar mit folgenden Sätzen, die in ihrer Beleuchtung stehen: „Nun hat jede Veränderung eine Ursache, welche in der ganzen Zeit, in welcher jene vorgeht, ihre Causalität beweiset. Also bringt diese Ursache ihre Veränderung nicht plötzlich (auf einmal oder in einem Augenblicke) hervor, sondern in einer Zeit, sodass wie die Zeit vom Anfangsaugenblicke a bis zu ihrer Vollendung in b wächst, auch die Grösse der Realität (b—a) durch alle kleineren Grade, die zwischen dem ersten und letzten enthalten sind, erzeugt wird. Alle Veränderung ist also nur durch eine continuirliche Handlung der Causalität möglich, welche, sofern sie gleichförmig ist, ein Moment heisst. Aus diesen Momenten besteht nicht die Veränderung, sondern wird dadurch erzeugt als ihre Wirkung. Das ist nun das Gesetz der Continuität aller Veränderung". — „Welchen Nutzen dieser Satz in der Naturforschung haben möge, das geht uns hier nichts an", womit also Kant ausdrücklich Probleme der Naturwissenschaft aus seiner Lehre von den Analogien ausschliesst.

Kant also stellt klipp und klar das Gesetz von der Continuität aller Veränderung als ein Grundprincip jedweder Erfahrungserkenntniss hin, während Stöhr alle Veränderungen nach Kant „sinnlich wahrnehmbar sprungweise erfolgen lässt" und so sich das neidenswerthe Verdienst erwirbt, den Kriticismus zum ersten Male vom Gesichtspunkte der Echternacher Procession aus zu interpretieren.

VI.

Analytische und synthetische Urtheile.

In dem letzten VI. Abschnitte seiner „Replik“, den
er „das mathematische Vorurtheil“ überschreibt, sucht Stöhr
auf's Neue Kant's Unterscheidung von analytischen und
synthetischen Urtheilen als unzutreffend hinzustellen. Ich
habe nicht nöthig, hier darauf einzugehen, da ich anders-
wo die Sache gründlich erörtert habe. Ich wollte mich
nicht selbst citiren und wies deshalb auf Schlömilch,
J. K. Becker und Wundt hin. Da ich selbst wesentlich
neue Gesichtspunkte in dieser Frage geltend gemacht zu
haben glaube, so weise ich nunmehr auf die meinem Gegner offenbar unbekannt gebliebene Stelle hin. Sie steht in
meiner Schrift „Zur Erkenntnisstheorie und Ethik, Berlin
b. Mecklenburg 1877“ auf S. 39—45. Ich modificire dort
auch Becker's von Stöhr noch immer nicht eingesehene
Darlegung nicht unwesentlich. Diese befindet sich in
dessen zu Berlin bei Weidmann 1876 erschienener
Schrift: „Die Grenze zwischen Philosophie und exakter
Wissenschaft von Joh. Karl Becker“, S. 13. Es trifft
auch Stöhr nicht minder als Zimmermann, wenn Becker
betont: „Allerdings ist die Zahl 12 identisch mit der
in 7+5 gedachten Zahl; wenn ich aber behaupte, dass
diese Zahl in dem Begriffe 7+5 auch schon gedacht
sei, so muss ich zeigen, dass das Urtheil 7+5=12 nach
dem Satze des Widerspruchs gefolgert werden könne [ich
modificire dies jetzt dahin: „allein so gefolgert werden
könne, also gefolgert werden müsse“] und es zu seiner
Erkenntniss weder einer Anschauung noch des Zählens
bedürfe. Kant hat nun behauptet, dies sei nicht möglich
und darin ist er von Herrn Zimmermann ebenso wenig

widerlegt worden, als diese Widerlegung, wenn sie auch
gelungen wäre, irgend etwas geändert hätte an der un-
zweifelhaften Thatsache, dass die Axiome und Lehr-
sätze der Geometrie synthetische Urtheile sind" . . . „Dass
das Objekt, welches ich zum Subjekt meines Urtheils
mache, das Attribut, das ich ihm im Prädikat zuerkenne,
besitzt, ehe ich die Wahrheit des Urtheils erkannt habe,
macht dasselbe nicht zum analytischen Urtheile. Als ein
solches kann ein Urtheil nur dann gelten, wenn das Prädikat durch den Satz des Widerspruchs als in dem enthalten erkannt wird, was vorher im Subjektbegriffe gedacht worden war [ich ändere dies dahin: als im Sub-
jecktbegriffe enthalten, schon vorher gedacht werden
mussle]. Der Einwand des Herrn Zimmermann widerlegt demnach etwas, was Kant gar nicht behauptet hat".

VII.

Allgemeines Ergebniss der Kritik von Stöhr's „Replik gegen Witte".

Es ist in dieser Schrift dargelegt worden, wie Stöhr's
Auffassung der Analogien eine vollständige Entstellung
ihres wahren Sinnes bedeutet, oft in dem Grade, dass er
den klar vorliegenden Sachverhalt in das direkte Gegen-
theil verdreht. Dieses Ergebniss zeigte sich als eine Folge
davon, dass derselbe über die wichtigsten in Betracht
kommenden Punkte der Kantischen Lehre sich in absoluter
Unkenntniss befindet, dass er diese Lehre weder aus der
Quelle studirt noch gar dies in vollem oder auch nur in
dem zur Beurtheilung der von ihm behandelten Probleme
nöthigen Umfange gethan hat. Und solch' ein Mann wagt
am Ende seiner Schrift, S. 23, von dem „seltsamen däm-

merigen Weben des Kantischen Denkens" zu reden! Auch
den principiellen Gegnern Kant's, die ihn wirklich metho-
disch studirt haben, wird Stöhr in keinem anderen
Lichte erscheinen als mir, und sie werden ihm mit mir
zurufen: O si tacuisses, philosophus mansisses! So viel
ist zweifellos: diese neueste Leistung des Herrn Stöhr
wird in der Geschichte der Philosophie weiter keine Stö-
rung verursachen. Sie vermag das ebenso wenig wie es die
positivistischen Velleitäten eines E. Laas, auf die Stöhr
sich beruft, gekonnt haben. Was wollen deren kleinliche
Nörgeleien besagen im Vergleich zu der Anerkennung,
welche die Principien Kant's nicht bloss in der deutschen
und ausserdeutschen Wissenschaft, sondern sogar in der
deutschen Literatur, zumal auch seitens Goethe's [16]) und
nicht erst durch Schiller [17]) gefunden haben!

VIII.

Zusatz:
Zeitgemässe Modification von Kants Ableitung der Kategorieen.

Die sub Nr. II. erwähnten erkenntnisstheoretischen,
nicht mit den logischen zu vermengenden Kategorieen
leite ich selber, da ich nicht den Ruf „Rückkehr zu
Kant!" sondern den anderen „Fortbau auf Kant!" erhebe, folgendermassen ab:

Alle erkenntnisstheoretischen Kategorieen müssen die
verschiedenen Arten und Weisen ausdrücken, wie in einem
für einen anschaulich gegebenen Inhalt geltenden und in
Rücksicht auf ihn gefällten Urtheile die ursprüngliche Einheit unseres Bewusstseins die Erfahrung bestimmt.

So viele aus keiner Erfahrung abzuleitenden und durch

keine aufzuhebenden constanten Grundlagen des Bewusstseins
es giebt, so vielfach kann die Beziehung auf jene Einheit
sein. So viele erkenntnisstheoretische Kategorieen hat der
Verstand anzuerkennen und anzusehen als die allgemeinsten
und notwendigen Formen der Aussage des synthetisch
urtheilenden Verstandes über die wesenhafte Bestimmtheit
alles mit Gewissheit erkennbaren Seienden.

Es ist aber alles Bewusstsein, sofern es selbstthätige
Erfahrungen macht, undenkbar ohne die Möglichkeit folgen-
der Einheiten oder es sind von ihm untrennbar folgende
Momente (cf. oben S. 27), in denen es ein Mannigfaltiges
zur Einheit verknüpft: 1) die Einheit der Empfindung,
2) die der constanten Ordnung des Empfindungsinhalts in
reiner (zeitlicher, resp. raumzeitlicher) Anschauung, 3) die
des Zusammenhangs der beharrlichen oder veränderlichen
Phänomene in der reinen Anschauung, 4) die der Einheit
des denkenden Verstandes, der diesen Zusammenhang
discursiv und begrifflich erfasst.

Hiernach kann der Grund für die im Urtheile vor
sich gehende Beziehung der Vorstellungen auf die ursprüngliche Einheit des Bewusstseins liegen entweder 1) in
der Empfindung oder 2) in der reinen Anschauung oder
3) in dem Verhältniss der rein angeschauten Erscheinungen
zu einander oder 4) im denkenden Verstande und seinem
Verhältniss zu diesen.

Es klärt uns mithin auf der in der Empfindung gelegene Grund des denkenden Bewusstseins über die Qualität,
der in der Anschauung gelegene über die Quantität, der
im Verhältniss der rein angeschauten Erscheinungen zu
einander gelegene über die Relation, der im Verstande
und seiner Beziehung zu dem in reiner Anschauung aufgefassten Empfindungsinhalt gelegene über die Modalität
der Urtheile.

Jeder Gegenstand der Empfindung muss ja, sofern er Object normaler Erkenntniss, als des richtigen Denkens einer anschaulich erfassten Wirklichkeit, ist und also unsere Gewissheit vergrössert, dem Erfahrungsbewusstsein gegenüber eine stetige Fähigkeit oder Kraft haben, mit der er sich in demselben entweder schlechthin behauptet oder sich ihm schlechthin entzieht oder nur unter Ausschluss eines anderen jenes thut. Darum entstehen hier drei besondere synthetische Grundformen der Kategorie der Qualität: Realität, Negation und Limitation. In Bezug auf alle gilt: Die gegenständliche Empfindungswelt, solange und sofern sie überhaupt uns auf eine für objective Erkenntniss bedeutsame Art afficirt, darf das Bewusstsein nie auf den Nullpunkt sinken lassen.

Jeder Gegenstand ist ferner als ein rein angeschauter, eine Grösse, indem er entweder eine in einer räumlichen oder in einer zeitlichen oder in raum-zeitlicher Anordnung sich befindende Einheit ist und dies noch dazu für ihn gilt betreffs eines Punktes oder vieler oder aller die Anschauung erfüllender Raum- oder Zeitpunkte. So entspringen als besondere synthetische Titel der Quantität: Einheit, Vielheit und Allheit.

Jeder Gegenstand, sofern er überdies auch noch ein Verhältniss der rein angeschauten Empfindungs- und Wahrnehmungsinhalte zu einander zu normalem Bewusstsein bringt, kann entweder 1) als Substanz ein Beharrliches der Empfindung, wie es hinsichtlich zeitlicher oder räumlicher Beziehungen der Wahrnehmungen sich geltend macht, darstellen oder er kann 2) bei Inconvertibilität der Succession in den äusseren oder inneren Erscheinungen uns nöthigen, einmal, wo er stets nur als voraufgehend vorstellbar war, ihn lediglich als Ursache, ein ander Mal, wo er stets nur als folgendes Glied aufzufassen ging, ihn nur als Wirkung zu bestimmen; er kann schliesslich 3) im Falle der Convertibilität permanenter Wirkungen verschiedener coexistenter Substanzen als ein Beispiel der **Wechselwirkung** und je nachdem für Zweck oder Mittel gelten müssen.

Endlich muss jeder behufs normaler Erkenntniss in das Bewusstsein aufzunehmende Gegenstand nach seinem Verhältniss zum denkenden Verstande entweder als möglich, als wirklich oder als nothwendig bestimmbar sein können: 1) als **möglich**, sofern er denkbar ist d. h. sein Dasein als mit der normalen Natur eines logischen Begriffsinhalts vereinbar erscheint, 2) als **wirklich**, wenn der Verstand überdies sein Uebereinkommen mit einer von dem denkenden Subjecte erfahrenen Empfindung constatiert und 3) als **nothwendig**, wenn er noch dazu mit solcher Empfindung den Momenten der Relation gemäss d. i. streng allgemein und unbedingt nothwendig übereinstimmt.

IX.
Zur Kant-Literatur der Gegenwart.

Die Kant-Literatur hat zur Zeit einen so beispiellosen Umfang gewonnen, dass eine Uebersicht wenigstens über die gediegensten oder merkwürdigsten Erscheinungen derselben willkommen sein dürfte. Vf. dieser Schrift ist nicht nur von Zuhörern sondern auch von Collegen wiederholt gefragt worden, welche Schriften denn besonders dazu geeignet seien, über den Sinn, den Inhalt und den Einfluss der Kantischen Lehre in einer dem Stande der **gegenwärtigen** Forschung entsprechenden Weise zu orientiren. Nur zur Befriedigung des einer derartigen Frage zu Grunde liegenden Bedürfnisses stelle ich hier eine **Auswahl** jener modernen Schriften über Kant zusammen, deren Studium

theils unentbehrlieh ist, um in die wissenschaftliche Lage
der Kant-Forschung einen zuverlässigen Einblick zu gewinnen, theils denjenigen zu empfehlen ist, welche durch
Kenntnissnahme einer congenialen Interpretation des Königs-
berger Weisen von der culturgeschichtlichen Bedeutung
seiner Lehren eine klare Vorstellung gewinnen wollen.

Ich führe in diesem Verzeichniss daher alle durch
ihren Erfolg d. h. durch die an ihr Erscheinen geknüpfte
philosophische Discussion (zumal in anderen philosophischen
Schriften) sowie durch die in irgend welcher Hinsicht vorhan-,
dene Solidität der schriftstellerischen Leistung hervorragenden Publikationen über Kant, jedoch fast nur aus den letzten
25 Jahren auf; ich hebe von diesen durch gesperrten
Druck alle zum Studium unentbehrlichen Erscheinungen
hervor, durch einen beigesetzten Stern (*) alle diejenigen,
die sich durch Correctheit und Zuverlässigkeit ihrer Angaben
oder doch durch eingehendes Quellenstudium auszeichnen,
durch fetten Druck diejenigen, welche wegen des Vorzugs
congenialer Auffassung und klassischer Form der Darstellung oder wegen eines dieser Vorzüge berühmt geworden
sind. Endlich ordne ich diese Literatur-Auswahl nach gewissen Kategorieen, deren Beachtung dem Kant-Studium
selbst förderlich sein dürfte. Meine eigenen Schriften
führe ich in Klammer an der sachlich begründeten Stelle an.

Zuvörderst ist zu erwähnen, dass Kant und seine
Lehre ausführlich in den grossen und umfassenden ge-
schichtsphilosophischen Werken dargestellt worden ist. Das
ergiebt eine erste Hauptgruppe (I). Sodann widmen ihm
eine Reihe culturgeschichtlich bedeutender Schriften einen
grösseren Raum (II). Dasselbe geschieht in einer Anzahl
geschichtsphilosophischer Monographien (III). Als nächste
und umfassendste Hauptgruppe ist aber die der auf Kant
allein bezüglichen Werke anzusehen. Dieser so zahlreiche

Inbegriff von Kant-Schriften gliedert sich wieder in mehrere Abtheilungen. Denn hier haben wir 1) die das Ganze der Lehre umfassenden Schriften, 2) die auf die Kr. d. r. Vern. bezüglichen, von denen wieder a) einige auf den ganzen Inhalt und b) andere nur auf Theile derselben sich erstrecken, 3) die auf die Kr. d. pr. Vern. und 4) die auf die „Kr. d. Urth.-Kr." bezüglichen Schriften, 5) sind hier auf andere Schriften Kants bezügliche Publikationen aufzuführen, 6) die auf Kants Verhältniss zu anderen Heroen der Wissenschaft, Literatur und Cultur sich erstreckenden Arbeiten, 7) stellen sich als besondere Gruppe solche Schriften und Abhandlungen dar, die Theile verschiedener Schriften Kants oder des letzteren Behandlung einzelner philosophischer Disciplinen angehen (IV). Als letzte Hauptgruppe sind die die Kant-Literatur und -Bibliographie behandelnden Schriften wichtig (V). Nur bei dieser Gruppe greife ich aus durchsichtigstem Motive in die Vergangenheit weiter zurück. Hiernach führe ich an sub:

I.

Joh. Ed. Erdmann, Versuch einer wissenschaftlichen Darstellung der Geschichte der neueren Philosophie, 2. Aufl. 1871.

* K. Fischer, Geschichte der neueren Philosophie, 1854, 1. Aufl.*)

Joh. Ed. Erdmann, Grundriss der Gesch. d. Philos., Bd. 2., 3. Aufl. 1878.

Fr. Ueberweg, Grundriss der Gesch. d. Ph. Th. III, 6. Aufl. 1883.

Fr. Harms, Die Philosophie seit Kant 1876.

W. Windelband, Gesch. der neueren Philos. 1878 u. 80.

* Ed. Zeller, Die Geschichte der dtsch. Philos. seit Leibniz 1873, 2. Aufl. 1875.

---

*) über die 3. Aufl. von 1882 der Kant-Bände 3 u. 4 cf. meine Recension in „Altpreuss. Monatsschr." v. 1883 Heft 1 u. 2 u. Phil. Monatsb. XIX, 5.

II.

Herm. Hettner, Literaturgeschichte des 18. Jhrhd.; 3 Theile in 6 Bd., Th. III, Dtsch. Liter. in 4 Bd. 3. Aufl. 1879.

K. Biedermann, Deutschland im 18. Jhrhd. 2 Theile in 4 Bd. 1859—80.

J. Schmidt, Geschichte des geistigen Lebens in Deutschland von Leibniz bis auf Lessing's Tod 1862/3.

R. v. Gottschall, Die deutsche Nationalliteratur des 19. Jhrhd.'s, 5. Aufl. in 4 Bd., bes. Bd. 1 u. 2, 1881.

R. Haym, Die romantische Schule, ein Beitrag zur Geschichte des deutschen Geistes 1870.

III.

C. Fortlage, Genetische Geschichte der Philosophie seit Kant 1852.

K. Fischer, Die beiden Kantischen Schulen in Jena, ak. Red. 1862.

O. Liebmann, Kant und die Epigonen 1865.

Fr. A. Lange, Geschichte des Materialismus 1866.

IV.
1.

* R. Reicke, Kantiana. Beiträge zu Kant's Leben u. Schriften 1860.

J. Frauenstädt, Kant, Lichtstrahlen aus seinen Werken. 1872.

* E. Arnoldt, Kant's Jugend und die 5 ersten Jahre seiner Privat-Docentur, Kgsb. 1881.

K. Fischer, Kant's Leben und die Grundlage seiner Lehre 1860.

Th. Desdouits, La philosophie de Kant d'après trois critiques, 1876.

Edw. Caird, A critical account of the philosophie of Kant 1877.

* B. Erdmann, Kant's Kriticismus 1878.

R. Adamson, Kant's Philosophie, übers. v. Schaarschmidt 1880.

J. Watson, Kant and his english critics 1881.

K. Fischer, Kritik der kantischen Philosophie. München 1883.

(J. Witte, Der Gesammtcharakter von Kant's Lehre in der Fichte'schen Ztschr. v. 1884).

2 a.

* H. Cohen, Kant's Theorie der Erfahrung, Berl. 1871.

A. Hölder, Darstellung der Kantischen Erkenntnisstheorie 1873.

(J. Witte, Beiträge zum Verständniss Kant's, Berl. 1874.)

Fr. Paulsen, Versuch einer Entwicklungsgeschichte der Kantischen Erkenntnisstheorie 1875.

* A. Stadler, Die Grundsätze der reinen Erkenntnisstheorie und die Kantische Philosophie 1876.

J. Volkelt, Kant's Erkenntnisstheorie 1879.

A. Krause, Populäre Darstellung von Kant's Kritik der reinen Vernunft 1881.

Bolliger, Anti-Kant 1882.

Th. Weber, Zur Kritik der Kantischen Erkenntnisstheorie, Halle 1882.

[Eine grosse Reihe hierher gehöriger besonderer Broschüren und Artikel in deutschen und auswärtigen politischen und periodisch-wissenschaftlichen Zeitschriften erschien bei Gelegenheit des Saeculums, das nach der Publication der 1. Aufl. der Kr. d. r. Vern. vergangen war, so von J. Walter „Zum Gedächtniss Kant's" als bes. Schrift, von E. Zeller in d. „Nation. Zeit.", von K. Fischer in Nord und Süd, von C. Gerhard in den „Grenzboten", von Paulsen, in d. Viertelj. Schr. f. W. Phil., „Was uns Kant sein kann?", (von Witte in den „Philos. Monatsheften")].

2 b.

α.

[Auch hier ist hinzuweisen auf die zahllosen seit zwei Jahrzehnten in den Philos. Zeitschriften und anderen Journalen erscheinenden Artikel über Kant, bes. in der „Altpreuss. Monatsschrift", zumal v. E. Arnoldt*, in „Nord u. Süd" von K. Fischer, in der „Nat. Zeit.", in der „Augsb. (resp. Münchener) Allg. Zeit.", in den Preuss. Jahrbb. (bes. v. Jul. Schmidt, zumal gegen v. Hartmann, in der Fichte'schen Zeitschr., in der Viertelj. Schr. f. wiss. Philos., in den „Philos. Monatsheften", in d. Ztschr. f. Völkerpsychologie, in der Revue philos., im Mind, in der „Gegenwart"].

β.

Trendelenburg, K. Fischer und sein Kant 1869.

Fischer, Anti-Trendelenburg 1870.

E. Laas, Kant's Analogien der Erfahrung, krit. Studien 1876.

R. Lehmann, Kant's Lehre vom Ding an sich 1881.

γ.

Endlich sind hier zu nennen einzelne Abschnitte aus hervorragenden erkenntnisstheoret. und log. Werken, so in Gruppe's „An-
taeus" und „Wendepunkt der Philos.", in Fr. A. Trendelenburg's „Log. Untersuchungen", in Sigwart's Logik, C. Gö-
ring's „System der kritischen Philosophie" 1874/5, in Lotze's
Mikrokosmus, in dess. Logik, in Dilthey's „Einleitung in
die Geisteswissenschaften", in Liebmann's „Zur Ana-
lysio der Wirklichkeit", in E. Laas' „Idealismus u. Posi-
tivism." Bd. I, II u. III, bes. Bd. II u. III, in Windelband's
„Praeludien," in Eucken's „Geschichte u. Kritik der Grundbegriffe der Gegenwart" 1878. (Witte, Ueber Freiheit des
des Willens, 1882.)

3.

α.

Fr. Zange, Ueber das Fundament der Ethik 1872.

E Arnoldt, Kant's Idee vom höchsten Gut 1874.

(Witte, cf. sub II, 2 a).

Dorner, Ueber die Principien der Kantischen Ethik 1875.

Fr. Frederichs, Ueber Kant's Princip der Ethik, 1879.

* H. Cohen, Kant's Begründung der Ethik 1877.

* E. Zeller, Das Kantische Moralprincip 1880.

E. Melzer, Die Lehre von der Autonomie der Vernunft 1882.

(J. Witte, Grundzüge der Sittenlehre 1882).

β.

Abschnitte in systematischen und historischen Werken über Ethik, bes.
bei J H. Fichte, System der Ethik, u. bei Hartenstein,
Die Grundbegriffe der ethischen Wissenschaften.

4.

α.

B. Erdmann in d. Einleitung zur Ausg. der Kr. d. U. 1880

A. Stadler, Kant's Teleologie 1874.

β.

Ferner sind hier zu nennen R. Zimmermann in seiner „Aesthetik" und ebenso Fr. Vischer im gleichnamigen Werke sowie

Lotze wegen seiner „Geschichte der Aesthetik in Deutschland".

5.

E. Arnoldt, Metaphysik die Schutzwehr der Religion 1873.

J. Kaftan, Die religionsphilos. Anschauung Kant's 1874.

B. Pünjer, Die Religionslehre Kant's 1874.

J. Hildebrand, Die Grundlinien der Vernunftreligion Kant's.

E. Laas, Kant's Stellung in der Geschichte des Conflicts zwischen Glauben und Wissen 1882.

M. Jahn, Der Einfluss der Kantischen Psychologie auf die Pädagogik als Wissenschaft 1885.

6.

K. Tomaschek, Schiller in seinem Verhältniss zur Wissenschaft [d. i. wesentlich zu Kant] 1862.

K. Twesten, Schiller in seinem Verhältniss zur Wissenschaft [d. i. wesentlich zu Kant] 1863.

Fr. Schultze, Kant und Darwin 1875.

W. Tobias, Grenzen der Philosophie 1875.

(Witte, Sal. Maimon 1876).

K. Dieterich, Kant und Newton 1876.

Aug. Oncken, Ad. Smith und Kant 1877.

(Witte, Zur Erkenntnisstheorie u. Ethik 1877 [d. i. z. Theil Kant u. Trendelenburg]).

K. Dieterich, Kant und Rousseau 1878.

G. Spicker, Kant, Hume u. Berkeley 1878.

A. Krause, Kant und Helmholtz 1878.

A. Meydenbauer, Kant u. Laplace 1880.

Edm. Pfleiderer, Kant's Kriticismus u. die engl. Philos. 1881.

Alb. Stern, Ueber die Beziehungen Chr. Garve's zu Kant 1884.

7.

* J. B. Meyer, Kant's Psychologie 1870.

H. Cohen, Die systemat. Begriffe in Kant's vorkrit. Schriften 1873.

* O. Schneider, Die psychologische Entwicklung des Apriori 1883.

M. Steckelmacher, Die formale Logik Kant's 1879.

* A. Riehl, Der philos. Kriticismus, bes. Bd. I, 1876.

G. Thiele, Kant's intellectuelle Anschauung 1876.

* W. Goering, Raum und Stoff, Kritik der Sinne 1876.

R. Biese, Die Erkenntnisstheorie des Aristot. u. Kant's 1876.

H. Vaihinger, Eine Blattversetzung in Kants Prolegomena, Phil. Monatshefte Bd. XV v. 1879.

Isenkrahe, Idealismus od. Realismus 1883.

* A. Stadler, Kants Theorie der Materie 1883.

Frz. Staudinger, Noumena 1884.

K. Lasswitz, Die Lehre Kant's v. d. Idealität des Raumes u. der Zeit 1883.

W. Wohlrabe, Kant's Lehre vom Gewissen 1880.

J. Mainzer, Die kritische Epoche in der Lehre v. d. Einbildungskr. 1881.

H. Cohen, Von Kant's Einfluss auf die deutsche Cultur 1882.

(J. Witte, Die angebliche Blattversetzung in Kants Prolegomena in den Philos. Monatsheften Bd XIX Heft 3 u 4 v. 1884).

(J. Witte, Prof. Vaihinger und seine Polemik in den Philos. Monatsheften Bd. XIX Heft 9 u. 10).

W. Münz, Die Grundlagen der Kant'schen Erkenntnistheorie, 2. Aufl., 1885.

V.

G. S. A. Mellin, Encycl. Wörterb. der Kant. Philos. 1797.

* H. Vaihinger, Commentar z. Kr. d. r. Vern. 1881 fg.

* J. B. Meyer, Literaturber. in d. Viertelj. Ber. üb. d. ges. Wiss. u. Künste v. R. Fleischer 1882.

* Kant-Bibliographie v. Reicke u. resp. Vaihinger in d. Altpreuss. Monatsschr. von Reicke, bes. im Bd. XVIII, XIX u. vor allem XX.

----

* Werke, hersg. v. Hartenstein, 8 Bdd. 1867/8.

* Werke, hersg. v. Rosenkranz u. Schubert, in 12 Bd. Lpz. 1840 —2, (Bd. 11. Biographie von Schubert, Bd. 12. Gesch. d. Kant. Philos. v. Rosenkranz).

* Bes. Ausgaben in d. Lpz. Univ.-Bibl. v. Dr. K. Kehrbach der Kr. d. r. Vern. 1877, Kr. d. U. 1878, Kr d. pr. Vern. 1879.

Anmerkungen.

Deutliche Symptome fortschreitender Anerkennung des Kriticismus.

1) Schon die Saecularfeier des Erscheinens der Kr. d. r. Vern.
gestaltete sich zu einer so bedeutsamen Anerkennung des Kriticismus, wie sie sogar seit der durch Fischer's Hauptwerk über Kant
so lebhaft gewordenen kritischen Bewegung für beispiellos gelten
musste. Nicht nur das In-, auch das Ausland suchte, wenigstens
in philosophischen Journalen, mit Deutschland in der pietätvollen
Huldigung, die eine solche Geistesthat, wie es die Schöpfung der Kr.
d. r. Vern. ist, verdient, zu wetteifern. So gingen dem Verf.
dieser Schrift wie sicherlich auch anderen deutschen Kantfor-
schern sogar von jenseits des Oceans 2 Nummern der in New-
York erscheinenden philos. Zeitschrift „The Journal of speculative
philosophy" zu, es sind Heft 3 u. 4 des Vol. XV vom Juli und
Oct. 1881, deren Inhalt fast ausschliesslich Kant gewidmete Artikel enthält. — Vollends bedeutsam ist es, dass alle hervorragenden seit 1881 in Deutschland erschienenen philosophischen Schriften
theils durch Bekämpfung und kritische Auseinandersetzung theils
durch Anknüpfung an Kant der Lehre dieses Denkers als der in
unvergleichlicher Weise Epoche machenden ihre Anerkennung zu
zollen gar nicht umhin können. Das gilt speciell von W. Wundt's
1883 erschienenem II. Bd. der Logik, von F. Laas' Idealismus und
Positivismus, von Dilthey's Einleitung in die Geisteswissenschaft,

also jedenfalls von den drei umfassendsten Leistungen, die in den letzten 3 Jahren bei uns erschienen sind.

Die substantielle Auffassung der Seele und Kant's Abweisung unbewusster Vorstellungen.

2) Dass auch Kant selber das nicht in Erfahrung begriffene Bewusstsein noch nicht sogleich zu einem unbewussten Seeleninhalt macht, lehrt besonders folgende Stelle. Bei seiner „Widerlegung des [Moses] Mendelssohn'schen Beweises der Beharrlichkeit der Seele" warnt Kant in der „Kr. d. r. Vern." vor Verwechselung der blossen Dunkelheit mit der Abwesenheit des Bewusstseins, also vor jenem Fehler, den E d. v. Hartmann mit der Annahme eines Unbewussten gemacht hat. Kant bemerkt nämlich an jener Stelle ausdrücklich, „dass obgleich die Beharrlichkeit der Seele a l s e i n e s G e g e n s t a n d e s b l o s d e s i n n e r e n S i n n e s, unbewiesen und selbst [stets] unerweislich sei, dennoch i h r e B e h a r r l i c h k e i t i m L e b e n, da das denkende Wesen (als Mensch) an sich zugleich ein Gegenstand äusserer Sinne ist, für sich klar sei." Also die Seele als Fundament des auch in sinnlich wahrnehmbaren Acten äusserer Erfahrung hervortretenden Lebens ist nach Kant substantiell zu fassen. Diese ihre Auffassung hat nach ihm eine reale Unterlage. In dieser Bedeutung ist ja die Seele eben die Art, wie das Geistige und Bewusste im Besonderen ein Lebensprincip alles Organischen, zumal des Thierischen und Menschlichen geworden ist*).

---

*) Wenn W u n d t in seiner „Logik" und „Physiolog. Psychologie", wenn Lipps in seinen „Grundthatsachen des Seelenlebens", wenn S i e b e c k im Aufsatze über „Das Verhältniss von Leib u. Seele" (Ztschr. f. Völkerpsychol. Bd. XVI, H. 1 u. 2) für eine Psychologie ohne Seele eintreten; so übersehen alle den hier von Kant hervorgehobenen Thatbestand. Wir gelangen eben sogar zu dem Begriffe eines geistigen Dinges nicht blos, wie W u n d t speciell meint, in Folge der Continuität des Denkens und Verstehens, sondern auch des Fühlens und Handelns. Für jedes setzen wir ein Ich; diese Reihe der Iche aber schliessen wir wegen constanter gemeinsamer Merkmale auf Grund der Selbstanschauung, die das Ich zugleich als in constanter Weise auf die Objecte einwirkend beobachtet, in den Begriff einer Seelensubstanz zusammen.

Dieses beharrliche Seelenbewusstsein geht wie hiernach über die innere Erfahrung und den inneren Sinn, so auch über die äussere hinaus, ist ursprünglicher als alle Erfahrung. Kant äussert aber ebd. in einer Anm. wörtlich noch Folgendes: „Klarheit ist nicht, wie die Logiker sagen, das Bewusstsein einer Vorstellung; denn ein gewisser Grad des Bewusstseins, der aber zur Erinnerung nicht zureicht, muss selbst in manchen dunkeln Vorstellungen anzutreffen sein, weil ohne alles Bewusstsein wir in der Verbindung dunkler Vorstellungen keinen Unterschied machen würden, welches wir doch bei den Merkmalen mancher Begriffe (wie der von Recht und Billigkeit, und des Tonkünstlers, wenn er viele Noten im Phantasieren zugleich greift), zu thun vermögen. Sondern eine Vorstellung ist klar, in der das Bewusstsein zum Bewusstsein des Unterschiedes derselben von anderen zureicht. Reicht dieses zwar zur Unterscheidung, aber nicht zum Bewusstsein des Unterschiedes zu, so müsste die Vorstellung noch dunkel genannt werden.“ Aber auch diese Unterscheidung ist sowohl nach dem, was Subjekt dieses letzten Satzes ist, als auch nach den Angaben im vorvorigen Passus Sache des Bewusstseins. „Also“, so folgert endlich Kant, „giebt es unendlich viele Grade des Bewusstseins [scil. des Unterschiedes] bis zum Verschwinden“ [scil. in das nur noch überhaupt unterscheidende Bewusstsein]. Kant hat durchaus Recht. Es stimmt mit dieser Darlegung auch überein, was er in einer seiner letzten Schriften, in der „Anthropologie in pragmatischer Absicht“, § 5 des 1. Buches, sagt. Wenn Kant dort in der „Kr. d. r. Vern.“ aber das Bewusstsein überhaupt von dem Bewusstsein des Unterschiedes unterscheidet, so setzt er auch hierdurch jenes als stetige Bewusstseins-Grundlage diesem, als dem Acte seiner besonderen Bethätigungen, entgegen. Wenn man dies aber nicht ausdrücklich ausspricht, so sollte man lieber Bewusstsein und Acte der erfahrungsgemässen Bethätigung unterscheiden, z. B. Bewusstsein einerseits und Wahrnehmen, Vorstellen, Denken, Wissen andererseits. Nur diese letzteren, ebenso Fühlen und Begehren, in allen ihren Modificationen haben unterschiedene Helligkeits- und Klarheitsgrade, nur das Bewusstsein in seiner mannigfachen Kraftäusserung hat solche; das ursprüngliche Bewusstsein selber aber in seinem substantiellen Wesen hat deren nicht.

4

Die Seelen-Vermögen und die Grenze ihrer Berechtigung vor dem Forum der Wissenschaft.

3) Der Unterschied der theoretischen, praktischen und aesthetischen Erfahrung wird von Kant auf den von in gleicher Weise unterschiedenen Gemüthsvermögen zurückgeführt. Die Begründung der letzteren hat Kant besonders an zwei Stellen gegeben: 1) in der Einl. z. Kr. d. U. Kr. und sodann in der Abhandlung „Ueber Philosophie überhaupt." In einem Zusammenhange, in welchem Kant den Terminus Vorstellung nicht im Gegensatze zu Wahrnehmungen und Denkacten verwendet, sondern im weiteren Sinne von Bewusstseinsacten gebraucht, bemerkt hier Kant: „ . . . es ist immer ein grosser Unterschied zwischen Vorstellungen, sofern sie, blos auf's Objekt und die Einheit des Beswusstseins derselben bezogen, zu einem Erkenntniss gehören, imgleichen zwischen derjenigen objektiven Beziehung, da sie zugleich als Ursache der Wirklichkeit dieses Objekts betrachtet, zum Begehrungsvermögen gezählt werden, und ihrer Beziehung blos auf's Subjekt, da sie für sich selbst Gründe sind, ihre eigene Existenz in demselben blos zu erhalten und sofern im Verhältnisse zum Gefühl der Lust betrachtet werden; welches letztere kein Erkenntniss ist noch verschafft, ob es zwar dergleichen zum Bestimmungsgrunde voraussetzen mag." Diese Vermögen werden von Kant nur im Sinne einer Fähigkeit zu stetiger Erregbarkeit in bestimmter Richtung aufgefasst. Sie sind also weder schechthin angeboren noch qualitates occultae noch mythologische Subjekte. Sie sind nicht ohne Weiteres angeboren, da sie sich vielmehr als im Ringen mit der Erfahrung, durch deren Reize sie zu principiell verschiedener geistiger Reaction veranlasst werden, ausbildende ursprüngliche Richtungen seelischer Energie darstellen, nur als Richtungen ursprünglicher geistiger Selbstthätigkeit. Nur ihre Fähigkeit zu eigenthümlicher Activität, nicht ihr jeweiliger Erfahrungsinhalt ist ein angebornes Besitzthum. Sie sind nur in dem Sinne angeboren, wie Voltaire ein Angebornes gelten liess, als er Locke's Einwänden gegen angeborne Sitten die Frage entgegenstellte: „Wenn wir nicht mit dem Bart geboren sind, folgt daraus, dass wir in gewissem Alter auch keinen Bart bekommen?

Wir werden nicht mit dem Vermögen gehen zu lernen geboren, aber jeder, der mit zwei Füssen geboren wird, erlangt einst die Gehkraft. Gleicherweise bringt freilich niemand bei seiner Geburt den Begriff von Recht und Unrecht mit; aber die menschliche Natur ist so eingerichtet, dass allen in einem gewissen Alter naturgemäss sich diese Wahrheit herausbildet." Ebenso machen sich die Grundrichtungen des Erkennens, Begehrens und Fühlens als bei jedweder Erfahrung unvermeidliche Arten seelischer Bethätigung auf Grund vorempirischer Organisation des Gemüthes auf gewisse Anlässe hin mit der Zeit geltend. — Qualitates occultae sind sie um so weniger, als wir gerade mit ihnen ein constantes Verhalten, das unsere Selbstbeobachtung und Selbstbesinnung erfahrenen Wirkungen gegenüber feststellt, bezeichnen. Endlich sind dieselben auch keine mythologischen Subjekte, da wir nicht sie, sondern die Seele als beharrliches Princip der psycho-physischen Individualität, als das Subjekt der mittels ihrer sich vollziehenden Processe ansehen. Vollends gegenstandslos ist die Bekämpfung dieser Theorie durch Herbart und die Herbartianer, welche alle seelischen Unterschiede aus den Vorstellungen herleiten wollen, da ihnen die Seele für schlechthin einfach gilt. Die Vorstellungen aber sollen Störungen und Selbsterhaltungen der Seele sein. Die Seele sei nur Substrat derselben, aber weder Subjekt noch Objekt des Bewusstseins. „Wir sind auf etwas aufmerksam" soll darum auch nur bedeuten, dass die Vorstellung von diesem etwas durch ihre eigene Stärke in das Bewusstsein, als in den Lichtbezirk der Seele emporsteige. So setzt Herbart an Stelle der verpönten mythologischen Seelenvermögen die schlimmeren mythologischen Wesen der Vorstellungen als thätiger Subjekte, indem er seelische Processe personificirt. — Nur das ist zu fordern, dass wir den verwickelten Phänomenen unseres selbstbewussten Ich die Vermögen oder Kräfte zunächst blos in jener Einzelheit unterlegen, in welcher wir die Erscheinungen in dem Individualbewusstsein wahrnehmen und dass wir erst eine Prüfung darüber anstellen, ob überhaupt und in wieweit die Weisen ihres inneren Seelenseins oder die ihnen zu Grunde liegenden Vermögen mit einander in Verbindung stehen möchten. Denn freilich stellen blos logisch gleichwerthige Gruppen oder logisch mögliche Gruppirungen der Seelenphänomene nicht ohne Weiteres reale Zusammen-

hänge derselben dar. Bei Aufstellung des Erkennens, Fühlens und
Begehrens als dreier Vermögen sind jedoch alle diese Rücksichten
genommen worden, und darum ist gegen sie nichts einzuwenden.
— Der Umstand, dass ich diese Vermögen in meinem Buche „Ueber
Freiheit des Willens" als Substanzen im Leben der inneren Erfahrung bezeichnet habe, ward in einer Sitzung der Berl. philos.
Gesellschaft von Prof. Frederichs hervorgehoben. Schaarschmidt bezeichnet diese Zustimmung als etwas, was nur der
Curiosität wegen Erwähnung verdiene. Er thut dies in der Anzeige
des Vortrags „Ueber das Wesen der Seele", (den Dr. R. Focke
als Heft 6 der neuen Folge der Verhandlungen jener Gesellschaft
hat erscheinen lassen), im XXI. Bd. der philos. Monatshefte, Heft
IV u. V, S. 297. Hätte Prof. Schaarschmidt bedacht, dass
schon Leibniz die Seele für eine Substanz erklärt hat und sie
trotzdem für ein *Vermögen* ansah, so würde ihm Frederichs'
Zustimmung zu meiner Ansicht weniger curios erschienen sein. —
Diese Ansicht dürfte um so weniger auffällig und erkenntnisstheoretisch unhaltbar sein, als Substanzen, Kräfte, Causalitäten, Zwecke
ja auf dem kritischen Standpunkte nur als Auffassungskategorien des
die Gewissheit der Erfahrung verbürgenden Bewusstseins existiren
und nicht unabhängig von diesem, obgleich sie in jener Eigen-
schaft freilich den Umstand sicher stellen, dass dieser Auffassung
ein an sich uns nicht zugängliches Verhältniss in der Welt der Phänomene entspricht.

Herm. Cohen's Eintreten für die Anknüpfung an Kant.

4) Besonders energisch vertritt Cohen die reformatorische
Bedeutung Kant's als des Urhebers einer neuen Methode der
Wissenschaft, zumal der Philosophie. Dass dieser Gelehrte auch in
dieser Hinsicht mir an anderer Stelle zu weit geht, habe ich selbst
gelegentlich ausdrücklich erklärt (cf. „Ueber Freiheit des Willens"
S. 300); vollkommen billige ich aber folgende Sätze Cohen's aus der
Vorrede zu seiner Schrift „Kants Theorie der Erfahrung" auf S. VI,
resp. VII: „Durch die Wiederaufrichtung der Kantischen Autorität
würde den philosophischen Studien unabsehliche Förderung bereitet

werden. Kant hat zwar selbst gesagt, dass es in der Philosophie keinen classischen Autor gebe. Aber durch eine solche Bemerkung wird nicht abgeleugnet, dass der Philosophie aus der genauen Bearbeitung ihrer Geschichte unentbehrlicher Nutzen erwachse: einmal für die Richtung der Probleme; dann aber auch für die Ausrüstung des Denkens. Es ist nur halbwahr, dass in der Philosophie ein Jeder von vorne anfangen müsse." So auf S. VI. Cohen bedauert jedoch ebd., dass „die heilsame Reaction, welche in Fragen der alten Philosophie die constructive Anmassung gebändigt hat, für Kant bisher unterblieben" ist. Denn, so führt er fort: „Sonst behutsame Forscher haben es nicht verschmäht, ihr kritisches Geschäft an Kant in einer Weise zu betreiben, dass es in allem Ernste fraglich werden musste, worin denn die in den beschreibenden Paragraphen gepriesene Denkergrösse des Mannes bestehen mag. Dieses Verfahren hat seinen guten Grund: man hatte sich mit Kant abzufinden und konnte nicht mit ihm fertig werden." Diese Sätze schrieb Cohen mehr als zehn Jahre vor dem Erscheinen des Anti-Kant eines Bolliger, vor den vielfach so unkritischen Darlegungen von Laas, von B. Erdmann, die nun in Stöhr's Verfahren ihren Gipfelpunkt erreichen. Es sind hiernach leider nicht nur Laien, sondern sonst zum Theil gut bewährte Gelehrte — wie es schon für Cohen „sonst behutsame Forscher" waren —, deren Dilettantismus gegenüber man Kant's Kriticismus zu schützen hat. Sie üben nicht objective Kritik an Kant, sondern sie beurtheilen ihn von einem bestimmten Standpunkte eigener Ueberzeugung aus; galt doch auch für sie, als sie Kant anatomirten, was Cohen oben mit den Worten bezeichnet: „man hatte sich mit Kant abzufinden und konnte nicht mit ihm fertig werden." Trefflich bemerkt jener ebd. S. VII: „Wenn Kant so offenliegende Fehler begangen hat, so verlohnt es sich nicht der Mühe, ihn gründlich und mit Hingabe durchzuarbeiten. Ohne volle Hingabe aber lässt sich kein Geist begreifen, dem man nicht gleicht. Wenn daher der Philosophie, wie es heut zu Tage Viele aussprechen, nur durch Kant wieder aufgeholfen werden kann, so thut vor allem die Einsicht Noth, dass dieser ein Genius ist. Dann wird alles kluge Besserwissen füglich schweigen, die eigene Weisheit sich gedulden, bis man mit Ernst und Eifer durch die schwierigen Sätze sich hindurch gedacht hat, bis man das Kantische Gebäude vom Einzelnen zum Ganzen und abwärts sicher durchschreiten kann."

Zu Vaihinger's Stellung zu der Frage über den Sinn reiner Naturwissenschaft bei Kant.

5) Freilich ist die Antwort auf die Frage, wie Kant über den Sinn und die Stellung der „reinen Naturwissenschaft" gedacht habe, nicht so einfach zu ertheilen. Vaihinger hat in seinem Commentare allerdings in dieser Beziehung höchst dankenswerthe Zusammenstellungen gemacht, die das Material für die zu treffende Entscheidung an die Hand geben. Den Umstand aber, dass in der Vorr. zu den „Met. Anf. Gr. d. Naturw." die spätere und wohl überhaupt die letzte über diese Frage entscheidende Stelle vorliegt, was gerade in entwickelungsgeschichtlicher Rücksicht sehr zu betonen ist, hat Vaihinger nicht genug hervorgehoben und auch Aeusserungen in der „Kr. d. r. Vern.", wie die in dieser Schrift, Abschn. V S. 27 beigebrachte, nicht sorgfältig genug beachtet, um das dem wahren Sachverhalt völlig entsprechende Ergebniss zu gewinnen. Allein sollte Vaihinger hierin auch anderer Meinung sein: das muss auch er zugeben, dass für Stöhr eben nur Kant's mit Herausgabe der „Met. Anf. d. N. W." geübtes Verfahren maassgebend sein durfte. Auch Vf. dieser Schrift hat gegen eine Berufung auf Vaihinger's Commentar nichts einzuwenden, solange diese nicht Stellen betrifft, deren Urtheile abhängig sind von philologischen, die Textconstituirung bei Kant angehenden Entdeckungen. In der Beurtheilung solcher selbst erzeugten Lieblinge ist eben der gewissenhafte und fleissige Vaihinger nicht objectiv genug.

6) Die Vorrede zu den „Met. Anf. der Naturw." hat Vaihinger zwar benutzt, aber S. 309 nur ganz beiläufig herbeigezogen, was nach den im Texte und sub 5) gegebenen Darlegungen nicht genügt.

Kant's und Schiller's Verwerfung aller dogmatisch-aprioristischen Construction der Erfahrung.

7) Schon S c h i l l e r rühmte es an Kant als besonderen Vorzug, dass er sich aller dialectischen und aprioristischen Construction des Empirischen enthalten habe. C. T w e s t e n in seiner Monographie über „Schiller's Verhältniss zur Wissenschaft" (Berl. 1863) S. 26 urtheilt in dieser Beziehung treffend: „Schon R e i n h o l d stellte in seiner Theorie des Vorstellungsvermögens ein System auf, welches ein Fundament für alle philosophischen Wissenschaften enthalten sollte, und schwankte bald zu F i c h t e, später zu dem jetzt bereits fast verschollenen B a r d i l i hinüber. F i c h t e machte das Ich zum Ding an sich und glaubte mit dieser gänzlichen Verkehrung die richtige Konsequenz Kant's zu ziehen. Während dieser „ „die Grenzen der Erkenntniss a priori" " bestimmte und einschränkte, um der exakten Wissenschaft Raum zu geben, in dem Kriticismus eine Disciplin gegen anmaassliche Ausschreitungen der Speculation wie der Empirie aufstellte und die Vollendung wissenschaftlicher Lehrgebäude den philosophisch gebildeten Fachleuten überliess, wollte F i c h t e, nach gleichmässiger Methode konstruirend, alle Wissenschaft aprioristisch machen. S c h i l l e r war über diesen diametralen Gegensatz völlig klar und hat ihn wiederholt mit scharfer Präcision ausgesprochen: der kritische Philosoph erhebe nicht wie der Metaphysiker den Anspruch, die Möglichkeit der Dinge selbst zu erklären, sondern begnüge sich die Thatsachen zu untersuchen, aus denen die Möglichkeit der Erfahrung begriffen werde, er nehme Bewusstsein und Erfahrung als Thatsachen hin und erkenne als deren nothwendige Bedingung das Zusammenwirken geistiger und sinnlicher Kräfte an, deren Verbindung weder der Naturforscher noch der Metaphysiker weiter zu erklären vermöge. Anfangs war Schiller metaphysischer als Kant; er wollte einen Begriff der Schönheit a priori aufstellen und hatte offenbar gehofft, einen solchen bei Kant zu finden. Aber er bekehrte sich vollständig zu der wissenschaftlichen Grundanschauung des Philosophen und blieb ihr standhaft treu." Diese Anschauung in ihrer j e d e r d o g m a t i s c h - a p r i o - r i s t i s c h e n Construction f e i n d s e l i g e n Natur skizzirt T w e -

sten S. 28 aber gut folgendermassen: „Statt mit den [scil. dog-
matischen] Metaphysikern nach dem Ding an sich, nach der
Bestimmung des Absoluten, Unbedingten oder Unendlichen zu
streben, unterwarf er zu demselben Zweck und nach derselben
Methode wie Bacon die Thatsachen der Natur, so die Thatsachen
der menschlichen Erkenntniss und Erfahrung einer Untersuchung,
welche diese Thatsachen analysirte und ihre Erklärung lediglich in
dem Darthun ihrer nothwendigen Bedingungen oder in den Gesetzen
suchte, unter denen sie stattfinden. So zeigte er die menschlichen
Erkenntnisskräfte oder Vermögen als die thatsächlichen Voraussetzun-
gen auf, ohne welche uns keine Erfahrung und keine Erkenntniss
denkbar ist. Daraus, dass die Formen der Vorstellung in uns gegeben sind, dass zu jeder Erkenntniss Denkformen und Anschauungen
zusammentreffen müssen, folgt denn, dass wir nur Erscheinungen
wahrnehmen können, dass das Wesen der Dinge, das Ding an sich,
als nicht erscheinend oder nicht anschaubar vorgestellt, uns unzu-
gänglich und ewig unbekannt bleiben muss, dass die Illusion, als
ob die subjektive Nothwendigkeit in der Verknüpfung unserer Begriffe auch eine objektive Nothwendigkeit in der Bestimmung der
Dinge wäre, sich nicht vermeiden, nur unschädlich machen lässt, indem wir uns nicht darüber täuschen. Diese Untersuchungen werden
von den metaphysischen Erklärungen und Streitigkeiten des Spiritualis-
mus und Materialismus, des Hylocoismus und Theismus nicht ge-
troffen." Die Art, wie diese Lehren der Kr. d. r. Vern. von den
Fachphilosophen zunächst aufgenommen wurden, unterscheidet sich
kaum in irgend einem Punkte von den Ansichten der heutigen Posi-
tivisten. Diese erblicken, beirrt durch ihren verkehrten Begriff des
„Exacten" — der nur ein neues Dogma ist (dies nämlich: „nur bei
Phaenomenen und Wirkungen stehen zu bleiben", als ob jene und
diese sich vom Bewusstsein, diese allein sich von Substanzen und
Kräften d. h. substantiell und causal aufgefassten Zusammenhängen loslösen liessen!) —, ich sage, so beirrt erblicken die Positivi-
sten den Kriticismus in demselben falschen Lichte wie Kant's dog-
matische Zeitgenossen. Twesten sagt ebd. von diesen (S. 26):
„Sie suchten darin ein neues [scil. dogmatisch-] metaphysisches
System und liessen sich in dieser Meinung sogar nicht irre machen,
als Kant in den Prolegomenen zu jeder künftigen Metaphysik mit

wirklich populärer Deutlichkeit erklärte, dass es ihm völlig „„Ernst sei, die Möglichkeit jedes aprioristischen Dogmatismus zu leugnen."„

Zeller's Auffassung von Kant's Lehre über den „Schematismus der Verstandesbegriffe".

8) Zeller stellt diese Lehre vom Schematismus der reinen Verstandesbegriffe besonders glücklich dar. Er formulirt sie (S. 349 in der „Gesch. d. deutch Phil. seit Leibniz") im Wesentlichen folgendermaassen: „Aus unserem Verstand entspringen die Kategorien als die allgemeinen Formen der Zusammenfassung eines Mannigfaltigen. Ein solches ist uns nun zuerst in der Zeit, als der von aller Erfahrung unabhängigen und auch nicht auf die Gegenstände der äusseren Anschauung beschränkten Form jeder Anschauung gegeben. Sie ist es daher, auf welche die Kategorieen ihre erste und allgemeinste Anwendung finden. Jeder Kategorie entspricht eine bestimmte Modifikation der Zeitanschauung, welche sich zu ihr ähnlich verhält, wie auf der Seite des äusseren Sinnes, z. B. die allgemeine Anschauung des Dreiecks zu dem Begriff desselben. Diese Anschauung ist etwas anderes als das sinnliche Bild, welches der Geometer auf die Tafel zeichnet; denn das letztere zeigt uns immer ein bestimmtes Dreieck . . . , jene Anschauung dagegen enthält nur dasjenige, was in allen Arten von Dreiecken gleicherweise vorkommt . . .: sie ist nicht das Bild, sondern das Schema eines Dreiecks. Andererseits aber ist diese allgemeine Anschauung des Dreiecks, eben als Anschauung, von dem Begriff desselben zu unterscheiden. Diesen bildet der Verstand, jene die Einbildungskraft. Nicht anders verhält es sich nach Kant auch mit der Zeit als dem allgemeinen Schema der Verstandesbegriffe. Der Begriff der Grösse, die Kategorie der Quantität, ist an sich selbst eine unsinnliche Vorstellung, die erste sinnliche Vorstellung, in welcher dieser Begriff zur Darstellung kommt; das reine Schema der Grösse ist die Zahl; die Zahl ist aber nichts anderes als die einheitliche Zusammenfassung der aufeinanderfolgenden Akte, durch welche eine Zeitreihe erzeugt wird. Aehnlich entspricht unter den

Kategorien der Qualität dem Begriff der Realität das Sein in der Zeit, dem der Negation das Nichtsein in der Zeit, und den Grad der Realität beurtheilen wir nach der Intensität der in derselben Zeit sich erzeugenden Empfindung. Das Schema der Substanz ist die Beharrlichkeit des Realen in der Zeit, das der Causalität die regelmässige Aufeinanderfolge der Erscheinungen. Das Schema der Möglichkeit ist die Vorstellung des Seins zu irgend einer Zeit, das der Wirklichkeit das Dasein in einer bestimmten Zeit, das der Nothwendigkeit das Dasein zu aller Zeit. Alle diese Schemata drücken nur die Art aus, wie wir das Mannigfaltige der Anschauung im innern Sinn zusammenfassen, um dadurch seine Zusammenfassung im Begriff, in der Einheit des Selbstbewusstseins möglich zu machen. — Durch die Anwendung der Kategorieen auf dieses Schema entstehen die allgemeinen Grundsätze, welche die Gesetze aller Verknüpfung der Anschauungen durch Begriffe ausdrücken und welche daher — da jede Erfahrung auf einer solchen Verknüpfung beruht — die apriorischen Bedingungen aller Erfahrung sind." — Dieser von Zeller so lichtvoll dargestellte Zusammenhang der Factoren, aus dem Kant's transscendental psychologischer Mechanismus seiner bedeutsamsten Leistung nach sich zusammensetzt, erscheint als Ergebniss einer so überaus sorgfältigen und genialen Conception, dass Windelband, Geschichte der neueren Philos. Bd. II, S. 39, in ihr mit Recht „die eigenste Tiefe des Kantischen Denkens" erblickt.

Kant's Erkenntnisstheorie als Grundlage aller modernen allgemeinen Methodenlehren.

9) Wenn sich Fichte, Schelling und Hegel mit ihren Anhängern auf der einen und Schleiermacher, Herbart und Schopenhauer auf der anderen Seite als zwei Kantische Schulen bezeichnen lassen, wie alle diese Denker sich selber in gewissem Sinne als Kant's Jünger ansehen und ausdrücklich gelegentlich dies aussprechen, so beruht dies vor allem auch darauf, dass sie mit Kant auf dem wesentlich gleichen erkenntnisskritischen Boden zu stehen vermeinen. — Sie alle fordern entweder mit Kant neben der for-

malen noch eine andere material bedeutsame grundlegende Wissen-
schaftstheorie oder sie suchen beide mittels einer eigenthümlich
dialectischen Methode zu verbinden und sie regen so im In- und
Auslande, selber auf Kantischer Basis fussend, die Schöpfung von
Methodenlehren an, die entweder dasselbe verfolgen oder die
— mit Vermeidung der im dialectischen Verfahren vorliegenden
Verbindung material-übersinnlicher mit logischen Elementen —
eine Erkenntnisstheorie zu begründen suchen, welche durch Beziehung der logischen Denkformen auf die Normen der Anschauungen
allgemeine Normen für den Process ganzer und ungetheilter Erkenntniss, bei welcher Anschauung und Verstand zusammenwirken, aufstellt.
Dies ist ja bei Trendelenburg, Ueberweg, Wundt, Schuppe,
Sigwart nicht minder als bei Mill, Comte u. a der Fall. Kant's
Verfahren ist für alle diese Bestrebungen vorbildlich von Fichte's,
Hegel's oder Schleiermacher's Dialektik an bis zu Schopenhauer's Theorie der vierfachen Wurzel des zureichenden Grundes sowie weiter bis zu Mill's heuristischen Grundsätzen der Naturerkenntniss
oder zu Wundt's neuster Methodenlehre. Auch dies hat Windelband längst treffend hervorgehoben, wenn er a. a. O. S. 71 von
Kant's „Analytik" bemerkt: „Die transscendentale Logik will nicht
mehr, wie die formale, eine Logik des Umfangs der Begriffe sein,
sondern vielmehr die sachlichen Beziehungen untersuchen, welche
durch die verschiedenen Formen der Urtheilsthätigkeit zwischen
den Begriffen angesetzt werden. Jene einseitige Berücksichtigung
des Umfangs der Begriffe war der alten Logik dadurch aufgenöthigt
worden, dass ihre wesentliche Theorie des wissenschaftlichen Be-
weisverfahrens auf eine Lehre vom Schluss hinauslief. Erst von
dem erkenntnisstheoretischen Gesichtspunkte Kant's her konnte
entdeckt werden, dass den Formen des Urtheils ebensoviele Verhältnisse zwischen den Begriffen entsprechen. Mit dieser Entdeckung hat Kant jene grosse Umwälzung der Logik
begonnen, welche heute noch nicht vollendet ist."

Die Natur methodischer, objectiver und immanenter Kritik.

10) Zu einem wissenschaftlich geschulten Kantinterpreten gehört vor allem zweierlei: er muss einmal befähigt sein, objective

Kritik zu üben, und er muss sodann eine Lehre, wie es die
Kant's ist, unter entwickelungsgeschichtlichem Gesichtspunkte zu
betrachten verstehen, mithin sie aus den Quellenschriften und auf
Grund der Einsicht in die Unterschiede der den verschiedenen
Perioden angehörenden Quellenschriften zu interpretiren wissen.
Dass letzteres Stöhr nicht vermag, ist in dem Texte dieser Schrift
eingehend dargelegt worden. — Aber auch eine objektive Kritik
übt er nicht, falls man unter dieser eine immanente, die Folgendes fordert, versteht: 1) Prüfung jeder wissenschaftlichen Leistung an dem ihr selber zu Grunde liegenden Zweck, an dem Ziel,
das sich ihr Urheber mit Selbstbewusstsein gesteckt hat; 2) Untersuchung des Umstandes, in welcher Weise die in gleicher Richtung liegenden vorangehenden Leistungen der Verfasser der späteren
sich zu Nutze gemacht, ob er sie gewissenhaft ausgebeutet hat,
und wie er seinerseits, falls seine Wirkung schon eine historische
ist, auf andere Einfluss geübt hat, sowie endlich 3) Ermittelung
davon, ob eine Leistung ihren Ergebnissen nach geeignet ist, diejenigen anderen Gebiete aufzuhellen, die berechtigt sind, von ihr
für die in ihnen liegenden Fragen Aufschluss zu erwarten; (man
würde also bei einer philosophischen Lehre aus den grundlegenden
Disciplinen der Logik, Erkenntnisstheorie und Metaphysik zu fragen
haben, ob eine solche psychologisch, ethisch, aesthetisch fruchtbar
ist).— Alle jene drei Hauptgesichtspunkte sind solche, die in der Natur
der Sache liegen und unabhängig sind von dem subjectiven Standpunkte des Kritikers. Gewiss soll nicht die Berechtigung subjektiver
Beurtheilung bestritten werden; diese kann sogar auch wissenschaftlich
durchaus von Belang sein, aber sie steht an zweiter Stelle und
vermag auch an dieser erst wissenschaftlich zu werden, nachdem
jene drei Momente objektiver Kritik ihre Erledigung gefunden
haben und auf der Basis derselben.

Die Zeit als Synthese von Folge und Beharrlichkeit
bei Kant und Riehl.

11) Riehl bereits hat die Verwechselung des Nacheinander
der Vorstellungen mit der Vorstellung des Nacheinander getadelt.
Er bemerkt im II. Bd. des „Phil. Kriticismus" gegen die Lehre

Hume's und der Associationspsychologen, dass die Vorstellung
der Zeit nicht verschieden von der des Nacheinander sei, worauf
z. B. auch H. Spencer's Ansicht von der Zeit als der „blank-
form" beruhe, in die alle beliebige Zustände des Bewusstseins ein-
getragen werden, auf S. 117 Folgendes: „Diese Erklärung fehlt darin,
dass sie die Aufeinanderfolge der Vorstellungen für gleichbedeu-
tend hält mit der Vorstellung der Aufeinanderfolge. Nun ist zwar
das Nacheinandersein der Empfindungen [Riehl versteht nämlich
unter Empfindungen hier das, was ich als Wahrnehmungen,
d. h. mit dem Merkmal der Aufmerksamkeit behaftete und bemerkte Empfindungen verstehen würde *)] eine einfache dem Bewusstsein gegebene Thatsache, aber daraus folgt nicht, dass auch
die Vorstellung des Nacheinanderseins einfach sein müsse. Vielmehr war Kant im Rechte, wenn er für die Vorstellung des
Nacheinander die Zeitanschauung voraussetzt." Riehl irrt aber
darin, dass er meint, Kant habe trotzdem leider das Nacheinandersein selbst für eine blosse Vorstellungsform gehalten. Bloss die
Folge der Vorstellungen im inneren Sinn ist das Nacheinander,
welches lediglich eine solche Form für Kant ist. Riehl redet
sogar ganz im Sinne Kant's, wenn er ebd. weiter lehrt: „Eine
wechselnde Erscheinung wird als solche nur in Beziehung auf eine
unveränderte, die mit ihr coexistirt, erfasst. Beharrlichkeit und
Folge sind in der Zeitvorstellung zu vollkommener
Gegenseitigkeit vereinigt, und diese Wechselwirkung ist
dasjenige, was wir unter dem Bewusstsein von Dauer verstehen."
Darum sagt er schon vorher richtig: „Erst aus der Synthese
von Folge und Beharrlichkeit in der Vorstellung ergiebt sich das Bewusstsein der Zeit."

---

*) So sagt Riehl S. 120: „Nicht bemerkte Empfindungen
sind Eindrücke, die wir wenigstens in dem Augenblicke, wo wir
sie nicht bemerken, gar nicht als Empfindungen [ich würde sagen:
nicht als Wahrnehmungen] haben, obschon ihre mittelbare Wirkung auf den Bewusstseinszustand bemerkt oder empfunden werden
mag."

Trendelenburg's und K. Fischer's Anerkennung des Zusammenhangs der transscendentalen Aesthetik und Logik.

12) Schon in dem Streite zwischen Trendelenburg und Kuno Fischer ist dieser Punkt zur Sprache gekommen. Letzterer sagt auf S. 51 seiner Duplik „Anti-Trendelenburg“: „Kant betrachtet seine Antinomien als indirekte Beweise der transscendentalen Aesthetik; sie beweisen nach Kant die Unmöglichkeit, dass Raum und Zeit etwas Reales an sich sind.“ Trendelenburg aber gab die Richtigkeit dieser schon vorher von K. Fischer in anderer Form geltend gemachten Ansicht bereits in seiner Streitschrift „Kuno Fischer und sein Kant“ zu und bemerkt speciell auf S. 7, „dass namentlich die dritte und vierte Antinomie, deren Begriffe unmittelbar in die Kategorieen fallen, also der transscendentalen Logik (sollte heissen: „Analytik“) angehören, mittelbar, inwiefern nämlich der Verstandesbegriff der Causalität das Schema der Zeit annimmt, in die transscendentale Aesthetik zurückwirken.“

Wundt's, Lotze's und Riehl's Stellung zur Unterscheidung associativen und apperceptiven Verhaltens des Bewusstseins.

13) Lotze, Wundt und Riehl unterscheiden gleicher Weise associatives und apperceptives Verhalten des Bewusstseins, ohne dass indess bei allen dieser Gegensatz denselben Sinn hat. Der Ausdruck hat sich besonders eingebürgert in der Zeit, da die Herbartische Philosophie vorübergehend grösseres Ansehen erlangte wegen des Verdienstes, das sie sich um Ergründung jener Processe erworben hat, durch welche die individuelle Bethätigung des Bewusstseins in Folge äusserer und innerer Sinnesreize eine Fülle empirischen Lebens gewinnt und eine nach ihrem causalen Zusammenhängen zu erforschende zeitliche Entwickelung darstellt. Bei Herbart jedoch hat die Apperception einen wesentlich anderen Sinn als bei Lotze, Wundt und Riehl. Bei jenem nämlich ist die Function der Apperception Sache der personificirten Vorstel-

lungen, Lotze, Wundt und Riehl sehen in dieser aber eine
Leistung entweder der Seele selber, wie, eben Lotze, oder doch
der Gesammtheit des inneren Lebens, inwiefern dies eine Selbstthätigkeit äussert und so in den mechanischen Verlauf der Be-
wusstseinacte mit willkürlicher und unwillkürlicher Spontaneität ein-
greift. Dieser Eingriff kann an sich ja sowohl simultanen wie successiven Associationen gegenüber stattfinden, und so nimmt Wundt
denn auch im Gegensatze zu den ersteren, wie letzteren zwei Arten
von Apperceptionen an, die simultanen und successiven; jene sind
z. B. Begriffe, diese Urtheile. Dies wird eben jedoch nur möglich, weil er die rein spontane oder active Apperception von der
relativ passiven unterscheidet, sodass sogar ein Wundt mit jenem
passiven Bewusstsein etwas anzufangen weiss, welches Stöhr so
perhorrescirt (cf. Wundt, Logik; Bd. I, S. 25, 26, 44 u. 46).
Lotze jedoch braucht die Apperception, zumal nach den werthvollsten der nach seinem Tode publicirten Dictate und damit nach
seinem reifsten psychol. Standpunkte in einem Sinne, der nur successive Apperceptionen bei ihm anzunehmen gestattet, weil er in
aller Apperception einen Act energischer Selbstthätigkeit erblickt.
Unter diesen werthvollsten Dictaten Lotze's verstehe ich nicht
seine auch vielfach bedeutenden „Grundzüge der Psychologie",
sondern die der „Logik", bes. seine Darlegungen im § 4, die er
abschliesst mit dem Satze: „Das Denken führt daher die bloss
subjective Association der Vorstellungen, d. h. ihr bloss thatsäch-
liches Zusammensein im Bewusstsein, auf Principien der objectiven
Synthesis ihres Inhalts zurück" und sodann vor allem die Erörte-
rungen in den §§ 6, 9, 19 u. 20. Lotze übrigens bedient sich in
allen diesen Stellen niemals des Ausdrucks der „Apperception,"
wohl aber hat er die Sache. Auch in seiner grossen „Logik",
Lpz. b. Hirzel 1877 (1. Aufl.) stellt er die Reihe mechanisch zu-
sammengerathener der von inhaltlich zusammengehörigen Vorstellungen gegenüber; so besonders in der Einl. No. I—III incl. Hier
in No. III heisst es auf S. 5: „Da nun durch Einwirkungen, die
von aussen kommen, unser Vorstellen zuerst angeregt wird, so
erscheint uns das Denken als eine rückwirkende Thätigkeit,
welche der Geist an dem Inhalte ausübt, den ihm jene äusseren
Einwirkungen und die . . . . . Ergebnisse ihrer Wechselwirkungen

zugeführt haben. Der denkende Geist begnügt sich nicht, die Vorstellungen in denjenigen Verbindungen hinzunehmen und sich gefallen zu lassen, in welche sie der Zufall ihrer gleichzeitigen [sic!] Entstehung gebracht und in der die Erinnerung sie wiederkehren lässt; richtend vielmehr hebt er das Zusammensein der Vorstellungen auf, die nur auf diesem Wege zusammengerathen sind; d i e j e n i g e n a b e r, d i e n a c h d e n B e z i e h u n g e n i h r e r I n h a l t e z u s a m m e n g e h ö r e n, *lässt er nicht nur* b e i s a m m e n, s o n d e r n v o l l z i e h t i h r e V e r k n ü p f u n g n o c h e i n m a l, jetzt aber in einer Form, die zu der thatsächlichen Wiederherstellung der Verbindung ein Bewusstsein über den Grund der Zusammengehörigkeit der neu verbundenen hinzufügt." — Am sorgfältigsten aber hat sowohl in terminologischer als auch in sachlicher Hinsicht R i e h l die Theorie der Apperception ausgebildet. Er giebt a. a. O. folgende Bestimmungen über diese: „Die Association ist der Grund des Vorstellungsverlaufs, die Apperception der Grund seiner Ordnung. Associativ werden die Eindrücke in der Zufälligkeit, mit der sie gegeben werden, verknüpft, appercipirt dagegen unter dem Gesichtspunkt ihrer inhaltlichen Verwandtschaft, ihrer Zusammengehörigkeit und Einstimmigkeit verbunden. Die Associationen sind bei verschiedenen Subjecten verschieden: . . . Die Apperception dagegen strebt diese Unterschiede aufzuheben und zu einem objectiven, übereinstimmenden Denken zu führen, gerade dadurch, dass sie dem Zwange der Associationen möglichst entgegenwirkt."

Einwände eines Güntherianers gegen den Kriticismus.

14) Wenn sogar der Verstand als p a s s i v e s Subject functionieren kann, so reduciert sich auf ein sehr geringes Maass jener Vorwurf, den zuletzt Th. W e b e r am nachdrücklichsten gegen K a n t's Unterscheidung von S i n n l i c h k e i t als dem r e c e p t i v e n und von V e r s t a n d als dem s p o n t a n e n Factor der Erkenntniss erhoben hat. Ist doch das vorempirische Bewusstsein — das wir freilich nicht in seinem Wesen an sich ergründen können, sondern nur begreifen hinsichtlich der constanten Bedingungen, durch die es Erfahrung erzeugt und in Ausübung der transscendental-psychologischen Processe, durch welche es denselben zu selbstbewusster

Bethätigung verhilft — ist doch dies vorempirische Bewusstsein jene gemeinsame [sonst eben] u n b e k a n n t e Wurzel, aus der Sinnlichkeit und Verstand hervorgehen und in der beide real vereint sind, was seltsamer Weise V a i h i n g e r nicht durchschaut hat (cf. dess. Commentar. S. 487). Allein diese Einheit des ursprünglichen Bewusstseins ist wohl vereinbar mit einer relativen Selbstständigkeit sowohl seiner Gemüthsvermögen als der Hauptfactoren der Erfahrungserkenntniss. Die Selbstbeobachtung begründet es aber in der That zur Genüge, dass wir in diesem Erkenntnissvorgang einen v o r w i e g e n d receptiven von einem v o r w i e g e n d spontanen Factor unterscheiden. Weiter geht aber auch bei Kant die Scheidung nicht. Wirkt faktisch auch der Verstand bei jeder Anschauung schon irgendwie mit, so steht er dem Vermögen der letzteren doch eben deshalb in relativer Selbstständigkeit gegenüber, weil wir thatsächlich Begriffe von etwas blos Gedachtem haben können, also im Stande sind Begriffsinhalte zu fingiren, die keine Originale in der Sinnenwelt haben und denen die objective Bedeutung entgeht, falls sie nur auf individuellen Vorstellungen des Subjects und nicht auf den überindividuellen Grundlagen des vorempirischen denkenden Bewusstseins, den Kategorieen, beruhen. Der auch von W e b e r betonte Sachverhalt, dass es keine absolut begriffslosen Anschauungen giebt, dass, wie J e s s e n im „Versuch einer wissenschaftlichen Psychologie" zuerst so nachdrücklich hervorgehoben hat, allem Anschauen irgendwie ein zwar nicht selbstbewusstes Denken immanent ist, hebt doch nicht die Kehrseite auf, dass trotzdem anschauunglose Gedanken, die zwar willkürlich und ohne objective Bedeutung sind, wenigstens im Bewusstsein existiren. Der Vorwurf, den W e b e r in seiner Schrift „Zur Kritik der Kantischen Erkenntnisstheorie" S. 16 erhebt und der darauf beruht, dass Kant die Sinnlichkeit als r e i n e Receptivität bestimmt habe, ist also unhaltbar. Denn er fällt mit seiner irrigen Voraussetzung. Kannt kennt eben keine r e i n e Receptivität der Sinnlichkeit, sondern nur eine relative im Verhältniss zum Verstande, er kennt auch keine Sinnlichkeit, die an sich leer ist, wie W e b e r ebd. S. 26 meint, noch weiss Kant etwas von einem Verstande, der bloss reine Spontaneität ist, wie W e b e r ebd. S. 16 es annimmt. W e b e r liest oft alles Mögliche in Kant hinein, was

5

gar nicht dasteht. Er zeigt sich überhaupt selten im Stande, eine
Lehre objectiv zu interpretiren, sondern legt an jede Meinnng
direct den Maassstab des Güntherianismus, dieser ganz be-
achtenswerthen Erscheinung, die jedoch schon besonders wegen
der ungeniessbaren Gestalt ihrer Theorien lediglich historischen
Werth hat und von Anfang bis zu Ende um so mehr vollkommen
antiquirt erscheint, da sie in der Hauptsache ein Rückfall in unkritischen Dogmatismus der vorkantischen Periode ist.

Das Scheitern des modernen deutschen Positivismus an der Klippe des Kriticismus.

15) Stöhr's Berufung auf Laas dürfte nicht nur in Bezug
auf den berührten Punkt, sondern überhaupt recht unzeitgemäss
sein. — Laas ist mit seinem jüngsten Werk fast überall auf
Widerspruch gestossen, wenigstens gerade mit demjenigen dürftigen
Complex von Ideen, durch die er eine eigene philosophische Meinung begründen zu können vermeinte. Nicht blos der Theologe
W. Herrmann in Marburg hat bei Gelegenheit der Recension von
Laas' Schrift über „Kant's Stellung im Conflict zwischen Glauben
und Wissen" in der Theol. Lit.-Zeit. 8. Jhrg. No. 8 nachgewiesen, dass
Laas überhaupt den Kantischen Apriorismus gar nicht begriffen hat,
auch Natorp, Windelband und selbst Riehl haben das Gleiche
bewiesen, der letztere und ebenso noch nach ihm Thilo heben
aber auch arge Selbstwidersprüche bei Laas hervor. So kann ich
durchweg folgende Sätze Riehl's in seiner Recension des 3. Bd.'s
von Laas' „Idealismus und Positivismus" unterschreiben (cf. Deutsche
Lit.-Zeit. v. 1885, VI. Hsg. No. 14): „Mit Unrecht hat er (Laas)
den Gegensatz zum Idealismus stärker betont, als seine von ihm
selber zugestandene Verwandtschaft mit demselben. Er steht der
kritisch erfassten und folgerichtig weiter gebildeten Kantischen
Lehre viel näher als er es Wort haben will. Wer so scharfsinnig,
wie es vom Verfasser geschieht, den Unterschied zwischen dem,
was naturgesetzlich entsteht, und dem, was gilt, auseinanderzu-
setzen weiss, befindet sich mit der kritischen durch Kant's Unterscheidung des Psychologischen vom Transscendentalen begründeten
Erkenntnisstheorie auf gleichem Boden. Und wer „„das Bewusst-

sein überhaupt"" für den letzten Beziehungspunkt aller Objectivität
erklärt, wer dasselbe als normativ für alle Erfahrung gelten lässt
und es zum Träger des absoluten Raumes und der absoluten Zeit
macht (Ausdrücke, die ein Positivist eigentlich vermeiden müsste)
ist der Hauptsache nach ein „„„Idealist"""' im Kantischen Sinne dieses
Begriffs. — Logische Principien sind doch nicht in derselben Bedeutung des Wortes Thatsachen, in welcher blosse Wahrnehmungen
es sind. Von seiner ursprünglichen Behauptung, dass der Positivismus die Wahrnehmungen als die einzigen Erkenntnissgrundlagen
anerkennt, muss also der Verf. im Fortgang seiner kritischen
Untersuchung abgekommen sein." — Thilo aber bemerkt in der
„Zeitschr. f. exacte Phil. Bd. XIII, Heft 4, in der Recension jenes
Laas'schen Hauptwerks mit Recht dies gegen den Verf.: „Von den
Andeutungen über die eigene Ansicht des Verf.'s heben wir nur
noch folgendes heraus. Obgleich er sich zum protagoreïschen Po-
sitivismus bekennt, so weicht er doch in einem Punkte von ihm
ab. Er meint nämlich, es sei nicht richtig, dass die Gefühle der
Lust und Unlust völlig von derselben Natur und psychologischen
Bedeutung seien wie die Empfindungen, nämlich auch durch den
Körper vermittelte leidentliche Zustände der Seele. Der Empfindungsinhalt sei objectiv, das begleitende von ihm unzertrennliche
Bewusstsein sei subjektiv. „„„Aber, sagt er, dieses Bewusstsein ist
immer gefühlsgefärbt; in jedem Moment ist das Bewusstsein mit
einem Gefühle coïncident; das Gefühl gehört zur subjectiven Seite
jedes Lebensmoments; es ist ursprünglich dieselbe allein."""
Mit diesem letzteren von uns unterstrichenen Satze wirft er
seinen Positivismus oder Correlativismus über den
Haufen. Denn er setzt etwas, was er durch keine Thatsache con-
statiren kann, da er durch kein Experiment die subjective von der
objectiven Seite zu isoliren vermag, sodass er sie beobachten
könnte, was sie für sich allein ist. Indem er das subjective Gefühl ohne Relation zu der objectiven Seite setzt, setzt er es absolut und doch beruht sein Positivismus eben darauf, dass das Subject
ohne das Object nicht ist." — Es muss überhaupt constatirt werden, wie es auch in den letzten 5 Jahren wieder die Vertreter
kritischer, auf Kantischer Basis stehenden Denkungsart sind, durch
welche die Einseitigkeiten und Uebertreibungen in positivistischer

Richtung zurückgewiesen worden sind. So hat Rehmke auf überzeugende Weise die Unhaltbarkeit von Wundt's erkenntniss-theoretischer Position in der Fichte'schen Zeitschrift nachgewiesen (cf. dessen Artikel: „Psychisch oder Physisch", Bd. 81 der „Neuen Folge", Heft 1), vor allem aber mit Recht betont, dass nur die Dauer psychischer Vorgänge sich messen lasse, nicht diese letzteren selber. — Die bedeutsamste Auseinandersetzung vom kritischen Standpunkte mit dem Positivismus liegt aber erst seit Kurzem vor. Es ist Prof. Natorp's Anzeige der umfassendsten psychologischen Leistung in den letzten fünf Jahren, nämlich des Werks von Th. Lipps, „Die Grundtatsachen des Seelenlebens." Gerade in Bezug auf jenen Cardinalpunkt, der zwischen Positivismus und Kriticismus controvers ist, urtheilt Natorp in jener Anzeige (Gött. gel. Anzeige von 1885, No. 5 auf S. 200) sehr richtig Folgendes: „auch wenn ich die subjektiv geschätzte Zeit mit der objektiv, d. h. räumlich gemessenen vergleichen will, so kann ich niemals unmittelbar Psychisches mit Physischem vergleichen, ich vergleiche vielmehr die objektive Dauer, wie ich sie schätze, also die schon objektivierte Dauer meiner Empfindung oder Vorstellung mit der anderweitig konstatierbaren objektiven Dauer. Ich kann gar nicht zwei Zeiten als gleich oder eine als das Doppelte der anderen schätzen, ohne eine Objektivierung meines subjektiven Erlebens damit zu vollziehen. Kant glaubte, es sei das gar nicht anders möglich als so, dass ich ein Raumverhältniss dem Zeitverhältniss substituire; auch mir scheint es so sich verhalten zu müssen, da doch Zeitlängen sich nicht aus ihrer Stelle rücken und aneinander messen lassen wie Raumlängen; oder vielmehr ich glaube mit Kant, dass es gar nicht möglich sei, eine Zeitlänge sich vorstellig zu machen als durch die Raumlänge. Lipps aber bestimmt [nun], mit Kant und uns im Einklang, die Grenze des Physischen und Psychischen in der Art, dass alles Raumverhältniss schlechterdings auf die Seite des Physischen fällt. Demnach würde ich, indem ich die subjektive Dauer meines Empfindens oder Vorstellens objektiviere, um sie mit einer anderen, objektiv gegebenen vergleichbar zu machen, das nur innerlich Gegebene in die Sprache des Aeusseren allemal erst übersetzen müssen, und diese Ueber-setzung allein würde die Vergleichbarkeit mit dem an sich äusser-lich Gegebenen ermöglichen."

Ein Wort über Goethe's Verhältniss zu Kant und Spinoza.

16) G o e t h e hegte eine sehr hohe Meinung von Kant, wie sein Ausspruch (Bd. XXVIII, 220 der Hempel'schen Ausg.) bezeugt: „dass kein Gelehrter ungestraft jene grosse philosophische Bewegung, die durch Kant begonnen, von sich abgewiesen, sich ihr widersetzt, sie verachtet habe, ausser etwa die echten Alterthumsforscher, welche durch die Eigenheit ihres Studiums vor allen anderen Menschen vorzüglich begünstigt zu sein scheinen."

17) Dass G o e t h e schon, ehe er S c h i l l e r näher getreten war, von Kant bedeutsame Einwirkungen erfahren hatte, bezeugt der Aufs. „Einwirkung der neueren Philosophie" (in der Hempel'schen Ausg. Bd. XXXIV S. 94 fgg.). Der Verf erzählt in diesem, dass die Kr. d. r. Vern. noch lange nach ihrem Erscheinen nicht in seinen Horizont gekommen sei. Immerhin habe er an manchen Gesprächen über sie theil genommen, und G o e t h e sagt davon: „Mit einiger Aufmerksamkeit konnte ich bemerken, dass die alte Hauptfrage sich erneuere, wie viel unser Selbst und wie viel die Aussenwelt zu unserm geistigen Dasein beitrage. Ich hatte beide niemals gesondert. . . . Sobald aber jener Streit zur Sprache kam, mochte ich mich gerne auf diejenige Seite stellen, welche dem Menschen am meisten Ehre macht." Wir erfahren dann, dass er darüber sogar mit H e r d e r uneins geworden sei. „Mit H e r d e r", sagt er ebd., „konnte ich nicht übereinstimmen, Kanten aber auch nicht folgen." So erging es ihm mit Kant als Urheber der „Kr. d. r. Vern."; dieser lenkte ihn nur zum Theil von H e r d e r und dem durch diesen in ihm genährten Eclecticismus, der aus einem poetischen Spinozismus und einem Leibnizianismus sich zusammensetzte, ab. Mehr vermochte aber Kant als Verfasser der „Kr. d. U. Kr.". Denn G o e t h e sagt a. a. O. weiter: Nun aber kam die Kritik der Urtheilskraft (1790 erschienen) mir zu Händen, und dieser bin ich eine höchst frohe Lebensepoche schuldig. „Hier sah ich meine disparatesten Beschäftigungen neben einander gestellt. Kunst - und Naturerzeugnisse, eins behandelt wie das andere; aesthetische und teleologische Urtheilskraft erleuchteten sich wechselsweise." Freilich sei er kein systematischer Kantianer geworden, sondern er habe

ein sehr seltsames Analogon von Kantischer Denkweise besessen.
„Wie wunderlich", so endet nämlich G o e t h e jene Darstellung, „es
damit gewesen sei, trat erst hervor, als mein Verhältniss zu Schiller
sich belebte. Unsere Gespräche waren durchaus productiv oder
theoretisch, gewöhnlich beides zugleich; er predigte das Evangelium
der Freiheit, ich wollte die Rechte der Natur nicht verkürzt wissen."
— Wie nah G o e t h e innerlich und sachlich Kant stand, geht aus
diesen Aeusserungen, die freilich als literarische und authentische
Zeugnisse sehr wichtig sind, immerhin nicht genügend hervor. Be-
denken wir jedoch, welcher Art der Goethe-Spinozismus wirklich war, wie der Dichter diese Lehre niemals unbefangen erfasst hat,
sondern sie schon bei der ersten Bekanntschaft ihm im Lichte seines
durch Aufnahme B r u n o'scher Ideen noch bestärkten phantastischen
Naturalismus erschien, er später sie in völliger Abhängigkeit von
H e r d e r's Auffassung interpretirte, wie er nur zaghaft an die
Quelle ging, vollständig sich ihrer nie bemächtigte: so werden wir
S u p h a n's Ansicht in dem trefflichen Aufsatz über „Goethe und
Spinoza" (in der Jubelschrift des Friedr. Werder'schen Gymnasiums
z. Berl. 1882) beistimmen müssen, dass viel zu lange G o e t h e's Philosophie — nicht nur bei D a n z e l in der Schrift „Ueber Goethe's
Spinozismus" sondern auch bei E. C a r o, „La philosophie de Goethe"
— nur allzu ausschliesslich unter diesem Gesichtspunkt betrachtet
worden sei. Die Differenzen zwischen G o e t h e und S p i n o z a treten
ja nur allzudeutlich hervor. Es sind folgende:

1) Während S p i n o z a Gott und Natur in Eins setzt, hält G o e t h e
   beide stets auseinander, indem er das zwischen ihnen be-
   stehende Verhältniss höchstens als ein ἕν διὰ δυοῖν nach der
   für uns allein e r k e n n b a r e n, aber nicht erschöpfenden Seite
   ihres Zusammenhangs bezeichnet.

2) G o e t h e ist, wie er sich einmal ausdrückt, stets „aus der Wahrheit der fünf Sinne", und S p i n o z a verweilt ihm allzueinseitig
   in blos „abstrusen Allgemeinheiten." G o e t h e ist mit einem
   Worte nicht blos Rationalist, sondern ebenso sehr, ja sogar
   noch mehr Empirist. G o e t h e bedurfte daher einer Philosophie und sehnte sich Ende der 80er Jahre sicherlich nach
   einer solchen, welche nicht minder in der Anschauung als in
   dem Verstande die nothwendigen Bedingungen und Factoren
   gewisser Erkenntniss nachzuweisen vermag.

3) Goethe weist jede die Gestalt eines abgeschlossenen philosophischen Systems annehmende Speculation als etwas Ver-
kehrtes jederzeit zurück: er ist in der Methode kritisch, nicht
dogmatisch gestimmt, und eben mehr gestimmt als geschult.

4) Goethe gesteht neben dem Verstande auch dem Gefühl und
Willen einen berechtigten Antheil an der Bildung einer
Weltanschauung zu.

5) Goethe's Interesse wendet sich in erster Linie dem Einzelnen,
obschon mit philosophischem Blick, sofern es in stetiger Beziehung zum Ganzen steht, zu; das Ganze interessirt ihn
gerade des Einzelnen willen. Während dies bei Spinoza nur
Schein-Existenz hat, hält Goethe an der Realität desselben
fest. Goethe ist Individualist, Spinoza Pantheist; Goethe
darum zugleich auch ebenso eifrig dem Historischen zuge-
wandt, während den Spinoza nur Physik und Methaphysik interessirt, da sogar seine Ethik rein metaphysisch gehalten
ist, obschon in dieser Methaphysik wieder der ethische Gesichtspunkt vorherrscht.

6) Goethe tritt in gewissen Grenzen für die Zweckursachen ein,
die Spinoza als leere Hirngespinnste verwirft — nämlich von
Seiten der Bedürfnisse des Gemüthes.

Alle diese Differenzen zwischen Goethe und Spinoza sind
ja ebensoviele Punkte der Uebereinstimmung des ersteren mit Kant,
der wie Goethe theistisch denkt, der der Erfahrung und Anschauung gerecht wird, der kritisch verfährt, der Gefühl
und Wille berücksichtigt, dessen Idee einer Specification der
Natur sein Interesse am Einzelnen bekundet, und der endlich der Teleologie ihr Recht wahrt." (E. Melzer hat das nicht
gesehen in seiner Schrift über „Goethe's philosophische Entwickelung" 1884, in der er nur allzu abhängig ist von der Dissertation
E. Filtsch's über „Goethe's Stellung zur Religion".) Nur legt
Goethe mehr Werth auf das Ganze und andererseits geringeren auf
den Verstand als auf den sinnlichen Faktor der Erkenntniss. Goethe
steigert daher Kant's Kriticismus nach der objektiven Seite zu,
was hier jedoch nicht weiter verfolgt werden kann. Nur das sei
noch hervorgehoben, dass Goethe deshalb in den Gesprächen mit

mit Eckermann als Complement zur Kritik der reinen Vernunft
eine Kritik der *Sinne* forderte, indem er (nach jenen Gesprächen II, S. 72) sich dahin äusserte, „dass wie Kant eine Kritik
der Vernunft geschrieben habe, so auch eine Kritik der Sinne nothwendig sei.“

Dr. Ad. Harpf in dem Aufsatze über „Goethe's Er-
kenntnisprincip“ (Philos. Monatshefte v. 1883 No. I u. II)
hebt mit Recht hervor, dass auch dieser im Titel bezeichnete metho-
dologische Gesichtspunkt eine einheitliche Grundlage für Goethe's
Denken bildet. Harpf geht aber zu weit, wenn er nur in diesem
Principe die Einheit desselben erblickt. Auch ist Goethe nicht
Relativist, sondern eben objectiver Kriticist. Der subjective
Antheil des Geistes an der Wahrheit, den Goethe so sehr betont,
schliesst nicht aus, dass wir allgemeingültiges Wissen erlangen.
Denn nicht als sinnlich auffassendes Wesen, wie bei Prota-
goras, sondern als denkendes Subject, das „seine Organe be-
lehren“ kann, wie Goethe sagt, und so seine Wahrnehmungen
zu berichtigen und zu regeln vermag, ist nach ihm „der Mensch
das Maass der Dinge“.

Universitäts-Buchdruckerei von Carl Georgi in Bonn.